ध्यान और उसकी विधियाँ

स्वामी विवेकानंद

GRAPEVINE BOOKS

Published by
GRAPEVINE BOOKS

www.grapevinebooks.com
email: contact@grapevinebooks.com

Ordering Information:
Quantity sales: Special discounts are available on quantity purchases by corporations, associations, and others.
For details, reach out to the publisher.

First published by Grapevine Books, 2025

Printed at Nutech Print Services - India

विषय सूची

एकाग्रता का महत्व

हम जो भी ज्ञान प्राप्त करते हैं—चाहे वह बाहरी हो या आंतरिक—उसका एक ही तरीका है: मन की एकाग्रता। जब तक हम किसी विषय पर मन को एकाग्र नहीं करते, तब तक किसी भी ज्ञान या विज्ञान को नहीं समझ सकते। जैसे खगोलशास्त्री दूरबीन से मन को एक बिंदु पर केंद्रित करता है, वैसे ही अगर हमें अपने मन का अध्ययन करना हो, तो वही तरीका अपनाना होगा। हमें मन को एकाग्र कर उसे अपनी ओर मोड़ना होगा। इस संसार में सभी मनों का अंतर सिर्फ एकाग्रता में होता है। जो अधिक एकाग्र होता है, वही अधिक ज्ञान प्राप्त करता है।

एकाग्रता ही हर ज्ञान का मूल है; इसके बिना कुछ भी संभव नहीं। एक सामान्य व्यक्ति की 90 प्रतिशत सोचने की शक्ति व्यर्थ चली जाती है, इसलिए वह बार-बार गलतियाँ करता है। लेकिन जो मन या व्यक्ति प्रशिक्षित होता है, वह गलतियाँ नहीं करता। एकाग्रता का मतलब है—मन को सीमित करके एक जगह केंद्रित करना।

जब मन एकाग्र होता है और अपनी ओर लौटता है, तब हमारे भीतर मौजूद हर भाव, हर विचार हमारा सेवक बन जाता है, स्वामी नहीं। यूनानियों ने ध्यान बाहर की दुनिया पर केंद्रित किया, जिससे उन्हें कला और साहित्य में पूर्णता मिली। हिंदुओं ने ध्यान भीतर की दुनिया, आत्मा के अदृश्य पहलुओं पर लगाया और योग के विज्ञान को विकसित किया।

योग का मतलब है इंद्रियों, इच्छाओं और मन को नियंत्रित करना। इसका अभ्यास हमें यह सिखाता है कि हम दूसरों के नियंत्रण में रहने के बजाय खुद नियंत्रण करना सीखें।

मन में कई परतें होती हैं। हमारा असली लक्ष्य इन सभी परतों को पार कर ईश्वर तक पहुँचना है। योग का अंतिम उद्देश्य ईश्वर की प्राप्ति है।

इसके लिए हमें सीमित ज्ञान से आगे बढ़ना होगा, इन्द्रियों की दुनिया से परे जाना होगा। दुनिया इन्द्रियों की ओर जागरूक है, लेकिन ईश्वर की संतानें उस स्तर पर सोई हुई हैं। वहीं, जब दुनिया अनंत की ओर सोई होती है, तो प्रभु की संतानें उस दिशा में जागती हैं। ये ईश्वर के सच्चे पुत्र हैं।

इन्द्रियों को नियंत्रित करने का एक ही तरीका है—ब्रह्मांड में जो सत्य है, उसे देखना। तभी और केवल तभी हम इन्द्रियों पर सही मायनों में विजय पा सकते हैं।

जितनी अधिक एकाग्रता होगी, उतना ही अधिक ज्ञान मिलेगा, क्योंकि यही ज्ञान प्राप्त करने का एकमात्र तरीका है। सबसे साधारण जूता बनाने वाला भी अगर ज्यादा एकाग्रता से काम करे, तो वह बेहतर जूता बना सकता है; उसी तरह, एकाग्रता से खाना बनाने वाला भी अच्छा भोजन बना सकता है।

धन कमाने में, भगवान की पूजा में, या किसी भी काम को करने में, एकाग्रता की शक्ति जितनी मजबूत होगी, वह काम उतना ही अच्छा होगा। यही वह पुकार है, यही वह दस्तक है, जो प्रकृति के द्वार खोलती है और प्रकाश की बाढ़ लाती है। यही एकाग्रता की शक्ति है जो ज्ञान के भंडार की एकमात्र कुंजी है।

*

हम कैसे पहचानें कि मन एकाग्र हो गया है? इसका संकेत है कि समय का भाव मिट जाता है। जितना ज्यादा समय बिना ध्यान दिए

बीतता है, उतनी ही गहरी एकाग्रता होती है।

हम आमतौर पर देखते हैं कि जब कोई पुस्तक हमें बहुत रुचिकर लगती है, तो हम समय को भूल जाते हैं; और जब पुस्तक बंद करते हैं, तो चौंकते हैं कि कितने घंटे गुजर गए। उस समय सब कुछ वर्तमान में ठहर जाता है।

इसलिए एक परिभाषा दी गई है: जब अतीत और वर्तमान एक ही बिंदु पर रुक जाते हैं, तो मन को एकाग्र कहा जाता है।

*

हम बहुत सी किताबें पढ़ते हैं, लेकिन उससे सच्चा ज्ञान नहीं मिलता। हम सारी बाइबलें पढ़ सकते हैं, फिर भी धर्म नहीं मिलेगा। सैद्धांतिक धर्म पाना आसान है, कोई भी उसे सीख सकता है। लेकिन जो वास्तव में जरूरी है, वह है व्यावहारिक धर्म।

ईसाई धर्म में व्यावहारिक धर्म का मतलब है अच्छे काम करना—यानी दुनिया के कामों में उपयोगी होना।

लेकिन उपयोगिता से क्या हासिल होगा? अगर हम धर्म को केवल उपयोगिता के नजरिए से देखें, तो वह असफल लगता है। हर अस्पताल एक तरह की प्रार्थना बन जाता है कि और लोग बीमार होकर वहाँ आएं।

दान का क्या महत्व है? दान कोई मूल समाधान नहीं है। यह सिर्फ दुखों को कम करने में मदद करता है, मिटाता नहीं। इंसान नाम और शोहरत चाहता है, और दान या अच्छे कामों के जरिए अपने उस प्रयास को छुपाता है। वह दिखावे में दूसरों के लिए, लेकिन असल में अपने लिए काम कर रहा होता है। हर ऐसा दान उसी बुराई को बढ़ाता है, जिसे मिटाने का दावा किया जाता है।

पुरुष और महिलाएं किसी अस्पताल या धर्मार्थ संस्था के सम्मान में रात भर नाचते हैं, फिर घर जाकर जानवरों जैसा व्यवहार करते हैं और दुनिया में ऐसे लोग पैदा करते हैं जो जेलों, पागलखानों और अस्पतालों को भर देते हैं। यह सब चलता रहता है और इसे 'अच्छे काम' कहा जाता है—जैसे अस्पताल बनाना। लेकिन अच्छे कामों का असली उद्देश्य दुनिया के दुखों को कम करना या खत्म करना होना चाहिए।

योगी कहते हैं कि सभी दुख इस कारण होते हैं कि हम अपने मन को नियंत्रित नहीं कर पाते। योगी का लक्ष्य है प्रकृति से मुक्ति। उनके काम का मापदंड होता है—प्रकृति पर विजय। योगी मानते हैं कि सारी शक्ति आत्मा में है, और मन व शरीर को नियंत्रण में लाकर इंसान आत्मा की शक्ति से प्रकृति को जीत सकता है।

*

क्या दुनिया में कोई भी ज्ञान मन की शक्ति की एकाग्रता के बिना मिल सकता है? नहीं। यह दुनिया अपने सारे रहस्य खोलने को तैयार है, बस हमें यह आना चाहिए कि सही तरीके से दरवाजा कैसे खटखटाएं, उसे ज़रूरी झटका कैसे दें।

वह झटका देने की ताकत और असर एकाग्रता से ही आता है। इंसानी मन की शक्ति की कोई सीमा नहीं है। जितना अधिक मन एकाग्र होता है, उतनी ही अधिक शक्ति एक जगह इकट्ठा होती है—यही असली रहस्य है।

*

अपने से बाहर ईश्वर को खोजना मुमकिन नहीं है। हमारे भीतर की आत्मा ही बाहर की हर दिव्यता को रूप देती है। हम खुद सबसे महान मंदिर हैं। जो कुछ बाहर दिखता है, वह बस उस भीतर की झलक का हल्का सा प्रतिबिंब है जिसे हम अंदर महसूस करते हैं।

मन की शक्तियों को एक जगह केंद्रित करना ही ईश्वर को देखने का एकमात्र रास्ता है। अगर आप अपनी आत्मा को जान लेते हैं, तो आप सभी आत्माओं को जान सकते हैं—भूत, वर्तमान और भविष्य तक।

इच्छा मन को एकाग्र करती है, और कुछ चीजें इस इच्छा को जगाती और दिशा देती हैं—जैसे कारण, प्रेम, भक्ति और श्वास। एकाग्र मन एक ऐसा दीपक है जो आत्मा के हर कोने को रोशनी में लाता है।

*

मनुष्य और पशु के बीच सबसे बड़ा फर्क उनकी एकाग्रता की शक्ति में होता है। किसी भी काम में सफलता इसी पर निर्भर करती है।

हम सभी एकाग्रता के बारे में जानते हैं और रोज़ाना इसके नतीजे देखते हैं। कला, संगीत और दूसरे क्षेत्रों में बड़ी उपलब्धियाँ एकाग्रता का ही फल हैं।

पशुओं में एकाग्रता की शक्ति बहुत कम होती है। जो लोग उन्हें प्रशिक्षित करते हैं, उन्हें यह कठिनाई आती है कि पशु बार-बार सिखाई गई बातें भूल जाते हैं। वे किसी भी चीज़ पर लंबे समय तक ध्यान नहीं लगा सकते। यही फर्क है—मनुष्य में एकाग्रता की शक्ति अधिक होती है।

मनुष्य और मनुष्य के बीच जो फर्क होता है, वह भी उनकी एकाग्रता की शक्ति के फर्क से बनता है। अगर आप सबसे साधारण इंसान की तुलना सबसे महान व्यक्ति से करें, तो अंतर सिर्फ इस बात में मिलेगा कि उनकी एकाग्रता की शक्ति कितनी है। यही एकमात्र फर्क है।

हर इंसान का मन कभी न कभी एकाग्र होता है। हम सभी उन चीज़ों पर ध्यान लगाते हैं जिन्हें हम पसंद करते हैं, और जिन पर हम ध्यान लगाते हैं, उन्हें हम पसंद करने लगते हैं।

कोई भी माँ ऐसी नहीं होती जो अपने सबसे प्यारे बच्चे के चेहरे से प्यार न करे। वही चेहरा उसके लिए दुनिया का सबसे सुंदर चेहरा बन जाता है। वह इसलिए प्यार करती है क्योंकि उसका मन उसी पर केंद्रित रहता है। और अगर हर कोई उसी चेहरे पर मन केंद्रित करे, तो वह सबको सुंदर लगेगा। वह चेहरा सबके लिए सबसे खूबसूरत बन जाएगा।

हम सभी उन्हीं चीज़ों पर ध्यान लगाते हैं जिन्हें हम पसंद करते हैं। जब हम कोई सुंदर संगीत सुनते हैं, तो हमारा मन उसी पर टिक जाता है, और हम उसे रोक नहीं सकते। जो लोग शास्त्रीय संगीत पर ध्यान लगाते हैं, उन्हें आम संगीत अच्छा नहीं लगता, और इसका उल्टा भी सच है। ऐसा संगीत जिसमें स्वर तेजी से बदलते हैं, वह आसानी से मन को पकड़ लेता है।

बच्चों को तेज़ और जोशीला संगीत पसंद आता है, क्योंकि उसकी गति मन को भटकने का मौका नहीं देती। जो व्यक्ति आम संगीत को पसंद करता है, उसे शास्त्रीय संगीत कठिन लगता है, क्योंकि यह जटिल होता है और इसे समझने में ज्यादा एकाग्रता लगती है।

इस तरह की एकाग्रता की सबसे बड़ी समस्या यह है कि हम मन को नियंत्रित नहीं कर रहे होते, बल्कि मन हमें नियंत्रित करता है। कोई बाहरी चीज़ मन को अपनी तरफ खींचती है और जब तक चाहती है तब तक पकड़े रखती है। हम कोई मधुर धुन सुनते हैं या सुंदर चित्र देखते हैं, तो मन वहीं टिक जाता है! हम उसे हटा नहीं सकते।

अगर मैं आपसे किसी ऐसे विषय पर बात करूं जो आपको पसंद है, तो आपका मन खुद-ब-खुद मेरी बातों पर लग जाता है। मैं आपके मन को आपसे दूर खींच लेता हूँ और आपकी इच्छा के बिना भी उसे उस विषय पर टिकाए रखता हूँ। इस तरह हम ध्यान केंद्रित करते हैं—बिना अपने मन पर नियंत्रण किए, बस बाहरी चीजों के प्रभाव से।

अब सवाल यह उठता है कि क्या हम इस एकाग्रता को बढ़ा सकते हैं और क्या हम इसके स्वामी बन सकते हैं? योगी कहते हैं—हाँ,

बिल्कुल। योगी मानते हैं कि हम अपने मन पर पूरा नियंत्रण पा सकते हैं।

लेकिन नैतिक दृष्टिकोण से एकाग्रता बढ़ाने में एक खतरा है—जब हम किसी चीज़ पर मन को केंद्रित कर तो लेते हैं, पर उसे अपनी इच्छा से हटा नहीं पाते। यह स्थिति बहुत पीड़ा देती है। हमारे ज़्यादातर दुख इसलिए होते हैं क्योंकि हममें अनासक्ति की शक्ति नहीं होती।

इसलिए जब हम एकाग्रता बढ़ाएं, तो हमें साथ ही अनासक्ति की शक्ति भी बढ़ानी चाहिए। हमें यह सीखना चाहिए कि मन को किसी एक चीज़ पर पूरी तरह लगाना कैसे है, और यह भी सीखना चाहिए कि जरूरत पड़ने पर एक पल में उस मन को हटाकर किसी और चीज़ पर लगाना कैसे है। इन दोनों को साथ-साथ बढ़ाना ही सुरक्षित तरीका है।

यह मन का संतुलित विकास है। मेरे लिए असली शिक्षा का मतलब है—मन की एकाग्रता, न कि केवल तथ्य जमा करना। अगर मुझे फिर से शिक्षा का मौका मिले और मैं खुद फैसला कर सकूं, तो मैं तथ्य नहीं पढ़ूंगा। मैं एकाग्रता और वैराग्य की शक्ति को बढ़ाऊंगा, और फिर उस ताकतवर मन से जब चाहूं, तथ्य आसानी से पा सकूं। इसी तरह, बच्चों में भी एकाग्रता और वैराग्य की शक्ति का विकास होना चाहिए।

*

हम जब भी अतीत और वर्तमान के महान लोगों का जीवन देखते हैं, तो पाते हैं कि उनके पास एकाग्रता की जबरदस्त शक्ति होती है। आप कहते हैं कि वे जन्म से प्रतिभाशाली थे। लेकिन योग का विज्ञान कहता है कि अगर हम मेहनत करें, तो हम सभी प्रतिभाशाली बन सकते हैं। कुछ लोग इस जीवन में बेहतर तैयारी के साथ आते हैं और जल्दी सफल हो जाते हैं। लेकिन हम सभी वैसा ही कर सकते हैं। सबके भीतर वही शक्ति है।

इस व्याख्यान का विषय है—मन का अध्ययन करने के लिए मन को एकाग्र कैसे किया जाए। योगियों ने इसके लिए कुछ नियम बनाए हैं, और आज रात मैं आपको उन नियमों की एक रूपरेखा बताने वाला हूँ।

एकाग्रता का विकास

एकाग्रता, निश्चित रूप से, कई तरीकों से आती है। आप इंद्रियों के ज़रिए भी एकाग्र हो सकते हैं। कुछ लोग सुंदर संगीत सुनकर एकाग्र होते हैं, कुछ लोग सुंदर दृश्य देखकर। कुछ लोग नुकीले लोहे के कांटों वाले बिस्तर पर लेटकर एकाग्रता पाते हैं, तो कुछ नुकीले पत्थरों पर बैठकर। ये सब असामान्य तरीके हैं [और सबसे अवैज्ञानिक भी]। वैज्ञानिक तरीका यह है कि मन को धीरे-धीरे अभ्यास से प्रशिक्षित किया जाए।

कुछ लोग अपने हाथ को लंबे समय तक ऊपर उठाकर एकाग्र होते हैं। उनके लिए यह कष्ट ही वह एकाग्रता लाता है जिसकी उन्हें ज़रूरत होती है। लेकिन ये सभी तरीके असाधारण हैं।

विभिन्न दार्शनिकों ने कुछ सार्वभौमिक विधियाँ तय की हैं। कुछ का मानना है कि जिस अवस्था को हम पाना चाहते हैं, वह मन की अति-चेतना की स्थिति है—एक ऐसी स्थिति जो शरीर की बनाई सीमाओं से परे है। योगी के लिए नैतिकता का महत्व इस बात में है कि यह मन को शुद्ध करती है। मन जितना शुद्ध होगा, उसे नियंत्रित करना उतना ही आसान होगा। मन हर विचार को पकड़ता है और उसे क्रिया में बदल देता है। लेकिन मन जितना अधिक स्थूल होगा, उसे नियंत्रण में लाना उतना ही मुश्किल होगा।

जो व्यक्ति अनैतिक होता है, वह कभी भी अपने मन को एकाग्र करके मनोविज्ञान का गहन अध्ययन नहीं कर सकता। हो सकता है कि शुरुआत में उसे थोड़ी सफलता मिले, थोड़ी सुनने की शक्ति मिल जाए। लेकिन बाद में वह ये शक्तियाँ भी खो देता है। कठिनाई यह है कि यदि आप गहराई से देखें, तो पाएँगे कि असाधारण शक्ति वैज्ञानिक तरीकों से नियमित अभ्यास करके नहीं आई थी।

जो लोग जादू की ताकत से साँपों को वश में कर लेते हैं, वही लोग

अक्सर साँपों से मारे जाते हैं। जो कोई भी असाधारण शक्ति हासिल करता है, वह अंत में उन्हीं शक्तियों का गुलाम बन जाता है। भारत में लाखों लोग हैं जो तरह-तरह की शक्तियाँ प्राप्त करते हैं, लेकिन उनमें से ज़्यादातर पागल होकर मर जाते हैं। कई लोग मन के असंतुलन के कारण आत्महत्या भी कर लेते हैं।

इसलिए अध्ययन को सुरक्षित तरीके से करना चाहिए—वैज्ञानिक रूप से, धीरे-धीरे और शांतिपूर्वक। इसकी पहली शर्त है नैतिक होना। ऐसा व्यक्ति जो सच्चा नैतिक हो, वह चाहता है कि देवता उसके पास आएँ, और वे सचमुच आएँगे और उसके सामने प्रकट होंगे। यही हमारे मनोविज्ञान और दर्शन का सार है—पूरी तरह से नैतिक बनना।

जरा सोचिए, इसका क्या मतलब है! किसी को भी चोट न पहुँचाना, पूरी तरह से पवित्र रहना, पूरी तरह से संयमी बनना—ये सब ज़रूरी हैं। अब सोचिए, अगर कोई व्यक्ति इन्हें पूरी तरह से पा ले! फिर और क्या चाहिए? अगर वह हर जीव के लिए पूरी तरह शत्रुता से मुक्त हो जाए, तो हर जानवर उसकी उपस्थिति में अपनी शत्रुता छोड़ देगा।

*

सभी नियमों में सबसे बड़ा नियम एकाग्रता है। सबसे पहले, शरीर की कोशिकाओं में छिपी सारी तंत्रिका ऊर्जा और शक्तियों को एक जगह इकट्ठा करें और उन्हें अपनी इच्छा से नियंत्रित करें। इसके बाद मन को, जो एक सूक्ष्म तत्व है, एक केंद्र में लाएं।

मन में कई परतें होती हैं। जब केंद्रित तंत्रिका शक्ति को रीढ़ की हड्डी से होकर ले जाया जाता है, तो मन की एक परत खुल जाती है। जब यह शक्ति किसी एक विशेष स्थान [जैसे कि प्लेक्सस या "कमल"] पर केंद्रित होती है, तो दुनिया का एक नया स्तर सामने आता है।

इस तरह यह शक्ति एक-एक कर अनेक स्तरों से होकर गुजरती है, जब तक कि वह मस्तिष्क के केंद्र में स्थित पीनियल ग्रंथि तक नहीं

पहुँचती। यही वह स्थान है जहाँ संभावित ऊर्जा संचित होती है—जो हर गतिविधि और शांति का स्रोत है।

*

कोई एक तरीका सबके लिए सही नहीं हो सकता। अलग-अलग लोगों के लिए अलग विधियाँ होती हैं, और इन तरीकों को हमेशा एक के बाद एक अपनाना ज़रूरी नहीं होता। अनुष्ठान सबसे नीचे का रूप हैं, उसके बाद आता है बाहरी ईश्वर की उपासना, और फिर भीतर के ईश्वर का अनुभव।

कुछ लोगों के लिए यह क्रम ज़रूरी हो सकता है, लेकिन कई बार केवल एक तरीका ही पर्याप्त होता है। सभी से यह कहना कि "ज्ञान पाने से पहले कर्म और भक्ति के रास्ते से गुजरना ज़रूरी है," यह बहुत ही गलत सोच है।

जब तक आप किसी ऊँचे स्तर तक न पहुँचें, तब तक अपने तर्क पर डटे रहें; और जब आप उस ऊँचाई को पा लेंगे, तो आप जान जाएंगे कि वह तर्क से टकराता नहीं है। चेतना से परे की जो स्थिति है, उसे प्रेरणा या समाधि कहा जाता है; लेकिन कभी भी उन्मादी या असंतुलित समाधि को असली प्रेरणा न समझें।

अगर कोई झूठे तरीके से प्रेरणा का दावा करता है या मन की वृत्तियों को ही प्रेरणा मानता है, तो यह बहुत खतरनाक बात है। असली प्रेरणा को बाहर से परखा नहीं जा सकता—हम खुद इसे भीतर से जानते हैं। गलती से बचाने वाला हमारा सुरक्षा कवच है—तर्क की आवाज़।

सभी धर्म तर्क से ऊपर जाते हैं, लेकिन वहां तक पहुँचने का रास्ता तर्क ही है। वृत्ति बर्फ की तरह है, तर्क पानी जैसा है, और प्रेरणा उसकी भाप की तरह सूक्ष्मतम रूप है—ये एक-दूसरे के बाद आते हैं। हर जगह यही शाश्वत क्रम चलता है—अचेतन, चेतन, और बुद्धि—जैसे पदार्थ, शरीर और मन। हमें लगता है कि यह क्रम उस बिंदु से

शुरू होता है जहाँ हम सबसे पहले उसे पकड़ पाते हैं।

दोनों पक्षों के तर्क बराबर वजन के हैं, और दोनों सत्य हैं। हमें दोनों से परे पहुँचना चाहिए, जहाँ न तो एक है और न ही दूसरा। ये उत्तराधिकार सभी माया हैं।

*

मन को बाहर की चीज़ों पर केंद्रित करना आसान होता है, क्योंकि मन स्वाभाविक रूप से बाहर की ओर भागता है। लेकिन धर्म, मनोविज्ञान या तत्वमीमांसा जैसे विषयों में ऐसा नहीं होता, क्योंकि यहाँ विषय और वस्तु एक ही होते हैं। वस्तु अंदर की होती है—खुद मन—and मन को ही खुद को समझना होता है। यानी मन ही मन का अध्ययन करता है।

हम जानते हैं कि मन की एक शक्ति होती है, जिसे "प्रतिबिंब" कहते हैं। जैसे मैं आपसे बात कर रहा हूँ, लेकिन उसी समय मेरा मन एक अलग भाग बनकर देख भी रहा है कि मैं क्या बोल रहा हूँ। आप भी एक ही समय में कुछ कर सकते हैं और सोच सकते हैं, क्योंकि आपका मन एक हिस्सा बनाकर यह देखता रहता है कि आप क्या सोच रहे हैं।

इसलिए मन की सारी शक्तियों को एकत्र करके उसे अपनी ओर मोड़ना चाहिए। जैसे सूर्य की तेज़ किरणें अंधेरे में छिपे रहस्यों को उजागर कर देती हैं, वैसे ही एकाग्र मन भी अपने भीतर के गहरे रहस्यों को खोल देता है। तब हम सच्चे विश्वास, असली धर्म तक पहुँच सकते हैं। हम खुद अनुभव करेंगे कि आत्मा है या नहीं, जीवन क्षणिक है या शाश्वत, ब्रह्मांड में ईश्वर है या उससे भी कुछ अधिक। यह सब हमारे सामने साफ़ हो जाएगा।

यही राजयोग का उद्देश्य है—सिखाना कि मन को कैसे एकाग्र किया

जाए, फिर उस एकाग्र मन से अपने भीतर कैसे झाँका जाए, वहाँ की बातों को कैसे समझा जाए और उनसे निष्कर्ष कैसे निकाला जाए। इसीलिए यह कभी नहीं पूछता कि हमारा धर्म क्या है, हम आस्तिक हैं या नास्तिक, ईसाई, यहूदी या बौद्ध हैं। बस यह काफी है कि हम इंसान हैं। हर इंसान को धर्म की खोज करने का अधिकार और शक्ति है। हर किसी को सवाल पूछने और खुद जवाब पाने का अधिकार है—अगर वह मेहनत करने को तैयार है।

अब तक हम देख चुके हैं कि राजयोग के अध्ययन में किसी आस्था या विश्वास की आवश्यकता नहीं है। जब तक आप स्वयं इसका पता न लगा लें, तब तक किसी बात पर विश्वास न करें; यह हमें यही सिखाता है।

*

क्या आप यह कह रहे हैं कि हमें अपनी जागृत अवस्था के तथ्यों को साबित करने के लिए किसी सपने या कल्पना की ज़रूरत है? बिल्कुल नहीं। राजयोग का यह अभ्यास बहुत समय और लगातार मेहनत की माँग करता है। इसका एक हिस्सा शारीरिक है, लेकिन मुख्य रूप से यह मानसिक अभ्यास है।

जैसे-जैसे हम आगे बढ़ते हैं, हमें समझ में आता है कि मन और शरीर कितनी गहराई से जुड़े हुए हैं। अगर हम मानते हैं कि मन शरीर का सूक्ष्म अंग है और वह शरीर पर असर डालता है, तो यह भी समझना तर्कसंगत है कि शरीर का भी मन पर असर होना चाहिए।

अगर शरीर बीमार है, तो मन भी बीमार महसूस करता है। अगर शरीर स्वस्थ है, तो मन भी मज़बूत और शांत होता है। जब कोई गुस्से में होता है, तो मन बेचैन हो जाता है; और जब मन बेचैन होता है, तो शरीर भी उसका असर झेलता है।

अधिकतर लोगों का मन उनके शरीर के अधीन होता है, और उनका मन बहुत कम विकसित होता है। इंसानों का एक बड़ा हिस्सा अब भी जानवरों से थोड़ा ही ऊपर है। बल्कि कुछ मामलों में, उनमें आत्म-नियंत्रण की शक्ति जानवरों से भी कम होती है।

हममें से अधिकतर को अपने मन पर बहुत कम नियंत्रण होता है। इसलिए, मन और शरीर को काबू में करने के लिए हमें शारीरिक सहारे की ज़रूरत होती है। जब शरीर पर सही नियंत्रण हो जाता है, तब हम मन को काबू करने की कोशिश कर सकते हैं। और जब हम मन को नियंत्रित करना सीख जाते हैं, तब हम उसे अपनी इच्छा से चला सकते हैं—उसे अपनी इच्छानुसार किसी एक जगह केंद्रित कर सकते हैं, और उससे काम करवा सकते हैं।

समाधि (अतिचेतन)

हमारा सारा ज्ञान, जिसे हम तर्कसंगत मानते हैं, वह हमारी चेतना से जुड़ा होता है। मुझे इस मेज और आपकी मौजूदगी का पता मेरी चेतना से चलता है। लेकिन मेरे अस्तित्व का एक बड़ा हिस्सा ऐसा है, जिसके बारे में मैं सचेत नहीं हूँ। शरीर के भीतर के सभी अंग, मस्तिष्क के अलग-अलग हिस्से—इन सबकी गतिविधियों के बारे में हमें कोई सीधी चेतना नहीं होती।

जब मैं खाना खाता हूँ, तो वह कार्य मैं चेतन रूप से करता हूँ; लेकिन जब खाना पचता है और शरीर में आत्मसात होता है, तो वह सब अनजाने में होता है। जब खाना खून बनाता है, और खून शरीर के अंगों को मज़बूती देता है, तो यह भी अनजाने में होता है। फिर भी यह सब कुछ मैं ही कर रहा हूँ, कोई और नहीं—क्योंकि इस शरीर में कई लोग तो नहीं हो सकते।

तो मुझे कैसे पता कि यह सब मैं कर रहा हूँ और कोई और नहीं? क्योंकि यह देखा गया है कि ज़्यादातर ऐसी क्रियाएँ, जो अब अनजाने में होती हैं, उन्हें अभ्यास से चेतना में लाया जा सकता है। दिल बिना हमारी मर्ज़ी के धड़कता है। हममें से कोई उसे सीधे नियंत्रित नहीं कर पाता; यह अपने आप चलता है। लेकिन अभ्यास से लोग दिल की गति को भी काबू में ला सकते हैं—धीमा, तेज़, या लगभग बंद तक कर सकते हैं। इसी तरह शरीर के लगभग हर अंग को नियंत्रण में लाया जा सकता है।

*

इससे क्या समझ में आता है? यह कि जो काम हम चेतना के नीचे करते हैं, वे भी हम ही कर रहे होते हैं—बस उन्हें अचेतन रूप से करते हैं।

तो, मानव मन दो स्तरों पर काम करता है। पहला है चेतन स्तर, जहाँ

सारे कार्य अहंकार की भावना के साथ होते हैं। दूसरा है अचेतन स्तर, जहाँ कार्य बिना अहंकार की भावना के होते हैं।

मन का वह हिस्सा जो बिना अहंकार के काम करता है, उसे अचेतन कार्य कहा जाता है। और वह हिस्सा जो अहंकार के साथ काम करता है, उसे सचेतन कार्य कहा जाता है। निम्न स्तर के जीवों में अचेतन कार्य को सहजवृत्ति कहा जाता है। उच्च स्तर के जीवों में—और सबसे ऊपर इंसान में—सचेतन कार्य ज़्यादा ताकतवर होता है।

*

लेकिन बात यहीं खत्म नहीं होती। मन एक और भी ऊँचे स्तर पर काम कर सकता है—वह चेतना से भी आगे जा सकता है। जैसे अचेतन कार्य चेतना से नीचे होता है, वैसे ही एक और कार्य होता है जो चेतना से ऊपर होता है, और उसमें भी अहंकार की भावना नहीं होती। अहंकार की भावना केवल बीच के स्तर पर होती है। जब मन इस मध्य रेखा से ऊपर या नीचे चला जाता है, तो "मैं" की भावना नहीं रहती, फिर भी मन काम करता रहता है।

जब मन इस आत्म-चेतना की रेखा से आगे निकलता है, तो उस अवस्था को समाधि या अतिचेतनता कहा जाता है। लेकिन कैसे पता चले कि समाधि में गया व्यक्ति ऊपर गया है या चेतना से नीचे गिर गया है? दोनों ही अवस्थाओं में अहंकार नहीं होता।

इसका उत्तर है—प्रभाव से। यानी, परिणामों से हम जान सकते हैं कि मन ऊपर गया है या नीचे। जब कोई व्यक्ति गहरी नींद में जाता है, तो वह चेतना से नीचे के स्तर में होता है। फिर भी वह शरीर से कार्य करता है—साँस लेता है, शरीर को सक्रिय रखता है—बिना किसी "मैं" की भावना के। वह अचेतन होता है, और जब वह नींद से लौटता है, तो वही इंसान होता है जो सोने गया था।

जब कोई व्यक्ति नींद में जाता है, तो उसके पास जो भी ज्ञान होता है,

वह वैसा का वैसा ही रहता है; उसमें कोई बढ़ोतरी नहीं होती। उसे आत्मज्ञान नहीं मिलता। लेकिन जब कोई व्यक्ति समाधि में जाता है, अगर वह मूर्ख की तरह जाता है, तो ऋषि बनकर बाहर आता है।

तो फर्क क्या है? नींद से व्यक्ति वैसा ही लौटता है जैसा वह था, लेकिन समाधि से वह आत्मज्ञानी, ऋषि, पैगंबर या संत बनकर लौटता है। उसका पूरा स्वभाव बदल जाता है, उसका जीवन बदल जाता है, वह भीतर से प्रकाशित हो जाता है। यही दोनों अवस्थाओं के अलग-अलग प्रभाव हैं।

अब जब दोनों के प्रभाव अलग हैं, तो कारण भी अलग होने चाहिए। समाधि से जो प्रकाश और ज्ञान आता है, वह न तो नींद जैसी अचेत अवस्था से मिलने वाली रोशनी है, और न ही सामान्य चेतन अवस्था में तर्क करके मिलने वाली। वह इन दोनों से कहीं अधिक है—इसलिए उसे अतिचेतन कहा जाता है, और समाधि को अतिचेतन अवस्था कहते हैं.

*

संक्षेप में, यही समाधि का विचार है। इसका अनुप्रयोग क्या है?

अब इसका वास्तविक उपयोग समझिए। तर्क का क्षेत्र, यानी मन की चेतन सोचने की क्षमता, बहुत सीमित और संकीर्ण है। यह एक छोटा घेरा है, जिसके भीतर ही तर्क काम करता है। यह उससे बाहर नहीं जा सकता। बाहर जाने की हर कोशिश बेकार है। लेकिन तर्क के इस घेरे से बाहर ही वो सब कुछ है जो इंसान के लिए सबसे ज़्यादा मायने रखता है।

ये सारे सवाल—क्या आत्मा अमर है? क्या ईश्वर है? क्या ब्रह्मांड को कोई सर्वोच्च बुद्धि चला रही है?—तर्क की पहुँच से बाहर हैं। तर्क इनका उत्तर नहीं दे सकता। तर्क बस इतना कहता है, “मैं नहीं जानता—न हाँ, न ना।”

लेकिन फिर भी ये सवाल हमारे लिए बेहद ज़रूरी हैं। इनके सही उत्तर के बिना, इंसान का जीवन बिना दिशा का हो जाएगा। हमारी नैतिकता, हमारी सोच, हमारे भीतर जो कुछ भी अच्छा और ऊँचा है, वह सब उन उत्तरों पर टिका है जो तर्क के घेरे के बाहर से आते हैं।

इसलिए ये सवालों के जवाब बहुत ज़रूरी हैं। अगर जीवन सिर्फ एक छोटा-सा नाटक है, अगर ब्रह्मांड सिर्फ परमाणुओं का संयोग है, तो फिर मुझे किसी और का भला क्यों करना चाहिए? दया, न्याय और सहानुभूति का कोई मतलब नहीं बचेगा। तब तो यही सही होगा कि जब सूरज चमक रहा हो, तो जितना फायदा उठा सको, उठाओ। हर इंसान बस खुद के लिए जिए। अगर आगे कुछ नहीं है, कोई आशा नहीं है, कोई आज़ादी नहीं है, बस कठोर नियम हैं, तो मुझे तो बस खुद को खुश करने की कोशिश करनी चाहिए।

आजकल कुछ लोग कहते हैं कि नैतिकता का आधार उपयोगिता है—जितने लोगों को हो सके उतना सुख देना। लेकिन मुझे ऐसा क्यों करना चाहिए? मैं क्यों न उतने ही लोगों को ज्यादा दुख दूँ, अगर वही मेरे काम आए? उपयोगितावादी इसका जवाब कैसे देंगे? आप कैसे तय करते हैं कि सही क्या है, गलत क्या है? अगर मैं सिर्फ अपने सुख की इच्छा से प्रेरित हूँ और वही करता हूँ, तो इसमें गलत क्या है? ये मेरी प्रकृति है, और मैं यही जानता हूँ। मेरी ये इच्छाएँ हैं, और मैं उन्हें पूरा करना चाहता हूँ—आपको इससे क्या परेशानी है?

मानव जीवन, नैतिकता, आत्मा की अमरता, ईश्वर, प्रेम, सहानुभूति, अच्छाई और सबसे बढ़कर निःस्वार्थता—ये सब बातें कहाँ से आती हैं?

सारी नैतिकता, सारे मानवीय कार्य, सारी सोच बस एक ही विचार पर टिकी हैं—निःस्वार्थता। इंसान के पूरे जीवन को बस इसी एक शब्द में समेटा जा सकता है: निःस्वार्थता।

हमें निःस्वार्थ क्यों होना चाहिए? मेरे निःस्वार्थ होने की ज़रूरत, उसकी ताकत और आधार क्या है?

आप खुद को एक तर्कसंगत व्यक्ति और उपयोगितावादी कहते हैं; लेकिन अगर आप मुझे यह नहीं बता सकते कि उपयोगिता का सही कारण क्या है, तो मैं कहूंगा कि आप तर्कहीन हैं। मुझे ठोस कारण दीजिए कि मैं स्वार्थी क्यों न बनूं। किसी से निःस्वार्थ बनने को कहना सुनने में अच्छा लग सकता है, लेकिन यह बस कविता है—कविता तर्क नहीं होती। मुझे कोई तर्क दीजिए।

मैं निःस्वार्थ क्यों बनूं, और अच्छा क्यों बनूं? सिर्फ इसलिए कि श्रीमान या श्रीमती ऐसा कहते हैं, इससे कोई फर्क नहीं पड़ता। मुझे जानना है कि निःस्वार्थ होने में क्या उपयोग है? अगर उपयोगिता का मतलब है अधिकतम खुशी, तो मेरे लिए स्वार्थी होना ही फायदेमंद है। इसका जवाब क्या है? इसका जवाब उपयोगितावादी कभी नहीं दे सकता।

*

इसका उत्तर यह है कि यह संसार एक अनंत महासागर में सिर्फ एक बूंद है, एक अनंत श्रृंखला की बस एक कड़ी है। निःस्वार्थता की शिक्षा देने वाले और मानवता को यह सिखाने वाले यह विचार कहाँ से लाए? हमें पता है कि यह स्वाभाविक नहीं है; जानवरों में जो सहज प्रवृत्ति होती है, वह इसे नहीं जानती। और यह तर्क का हिस्सा भी नहीं है; तर्क को इन विचारों की कोई जानकारी नहीं। तो फिर ये विचार कहाँ से आए?

जब हम इतिहास का अध्ययन करते हैं, तो देखते हैं कि सभी महान धार्मिक गुरुओं में एक बात समान है। वे सभी कहते हैं कि उन्हें यह ज्ञान किसी परे से मिला, हालांकि उनमें से बहुत से यह नहीं जानते थे कि यह कहाँ से आया।

एक कहता है कि एक देवदूत पंखों वाला व्यक्ति बनकर नीचे आया और बोला, "हे मनुष्य, यह संदेश है।" दूसरा कहता है कि एक देवता, एक प्रकाशमान प्राणी, उसके सामने प्रकट हुआ।

तीसरा कहता है कि उसने स्वप्न में अपने पूर्वजों को देखा जिन्होंने उसे कुछ बातें बताईं। वह यह नहीं जानता था कि यह कैसे हुआ, लेकिन हर कोई यही कहता है कि यह ज्ञान तर्क से नहीं, किसी और स्रोत से आया है।

योग का विज्ञान क्या कहता है? यह कहता है कि वे सही थे यह कहने में कि यह ज्ञान तर्क से परे से आया, लेकिन असल में वह ज्ञान उनके भीतर से आया। योग सिखाता है कि मन में एक उच्चतर अवस्था होती है—तर्क से परे, जिसे अतिचेतन कहा जाता है। जब मन इस अवस्था में पहुँचता है, तभी यह ज्ञान मनुष्य तक आता है—आध्यात्मिक और दिव्य ज्ञान।

तर्क से परे जाने और सामान्य मानव स्वभाव को पार करने की जो अवस्था है, वह कभी-कभी संयोग से ऐसे व्यक्ति के पास भी आ सकती है जो इस ज्ञान की विधि नहीं जानता। ऐसा लगता है जैसे वह इस पर ठोकर खा गया हो। जब यह होता है, तो वह व्यक्ति आमतौर पर सोचता है कि यह ज्ञान बाहर से आया है। यही वजह है कि अलग-अलग देशों में प्रेरणा या दिव्य ज्ञान एक जैसी बातें कह सकते हैं, लेकिन एक देश में यह एक फरिश्ते से आया लगता है, दूसरे में किसी देवता से, और तीसरे में भगवान से।

इसका मतलब क्या है? इसका मतलब है कि मन अपने स्वभाव से यह ज्ञान लाता है, लेकिन जिस व्यक्ति के ज़रिए यह आता है, वह अपने विश्वास और शिक्षा के अनुसार उसकी व्याख्या करता है। असल बात यह है कि ये लोग, जैसे अनजाने में, इस अतिचेतन अवस्था से टकरा गए थे।

योगी कहते हैं कि इस तरह की अचानक प्राप्ति में बड़ा खतरा होता है। कई बार इससे दिमाग पर बुरा असर पड़ सकता है। अक्सर देखा गया है कि जो लोग इस अवस्था को बिना समझे पा लेते हैं, वे अंधेरे में भटकते हैं, और उनके ज्ञान के साथ कुछ अजीब अंधविश्वास भी जुड़े होते हैं। वे भ्रम में पड़ जाते हैं।

उदाहरण के लिए, मोहम्मद ने कहा कि एक बार फरिश्ता गेब्रियल गुफा में उनके पास आया और उन्हें एक स्वर्गीय घोड़े, हरक पर बैठाकर स्वर्ग की यात्रा पर ले गया। लेकिन इसी के साथ उन्होंने कई गहरे और सुंदर सत्य भी बताए। अगर आप कुरान पढ़ें, तो उसमें आपको महान सत्य मिलेंगे जो अंधविश्वासों के साथ मिश्रित हैं।

इसे कैसे समझा जाए? मोहम्मद सच में प्रेरित थे, इसमें संदेह नहीं, लेकिन उनकी प्रेरणा अचानक मिली थी। वे प्रशिक्षित योगी नहीं थे और उन्हें यह नहीं पता था कि उनके साथ क्या हो रहा है।

अब सोचिए उन्होंने दुनिया के लिए कितना अच्छा किया—और उनकी कट्टरता के कारण कितनी बुराइयाँ फैलीं। उनके नाम पर लाखों लोग मारे गए, माँओं ने अपने बच्चे खोए, बच्चे अनाथ हो गए, देश उजड़ गए। इसलिए जब हम मोहम्मद और दूसरे महान शिक्षकों का जीवन देखते हैं, तो हमें यह खतरा साफ़ दिखता है। फिर भी, वे सभी प्रेरित थे।

जब भी कोई पैगंबर अपनी भावनाओं के ज़रिए अतिचेतन अवस्था तक पहुँचता है, तो वह सिर्फ सत्य नहीं लाता—वह कट्टरता और अंधविश्वास भी साथ लाता है, जो दुनिया को उतना ही नुकसान पहुँचाते हैं जितना कि उसके सच्चे ज्ञान से दुनिया को लाभ मिलता है.

मानव जीवन जैसी उलझी हुई चीज़ से अगर हम कोई स्पष्ट तर्क निकालना चाहते हैं, तो हमें तर्क से परे जाना होगा। लेकिन यह हमें वैज्ञानिक ढंग से, धीरे-धीरे और नियमित अभ्यास के ज़रिए करना होगा। हमें सभी अंधविश्वासों को छोड़ना होगा। जैसे हम किसी और विज्ञान का अध्ययन करते हैं, वैसे ही हमें अतिचेतन अवस्था का भी अध्ययन करना होगा।

हमें तर्क को अपनी नींव बनाना होगा और तर्क का अनुसरण करना होगा जब तक वह आगे ले जा सकता है। और जब तर्क रुक जाए,

तब भी वही तर्क हमें सबसे ऊँचे मार्ग की ओर ले जाएगा। अगर आप किसी को यह कहते सुनें, "मैं प्रेरित हूँ," और फिर वह तर्कहीन बातें कहे, तो उसे अस्वीकार करें। क्यों? क्योंकि सहज वृत्ति, तर्क और अतिचेतन ये तीनों एक ही मन की अवस्थाएँ हैं।

इंसान के अंदर तीन मन नहीं होते। एक ही मन की एक अवस्था दूसरी में बदलती है। सहज वृत्ति तर्क में बदलती है, और तर्क आगे चलकर पारलौकिक चेतना में बदलता है। इसलिए कोई भी अवस्था दूसरी का विरोध नहीं करती।

सच्ची प्रेरणा कभी भी तर्क का विरोध नहीं करती, बल्कि उसे पूरा करती है। जैसे महान पैगंबरों ने कहा, "मैं नष्ट करने नहीं, बल्कि पूरा करने आया हूँ," उसी तरह सच्ची प्रेरणा भी तर्क को नकारती नहीं, बल्कि उसे पूरा करती है और उसके साथ संतुलन में रहती है.

*

योग के सभी अलग-अलग चरणों का असली उद्देश्य यह है कि वे हमें वैज्ञानिक रूप से समाधि या अतिचेतन अवस्था तक पहुँचा सकें। इसके साथ ही यह समझना सबसे जरूरी है कि प्रेरणा हर व्यक्ति के स्वभाव में उतनी ही होती है जितनी किसी पुराने पैगंबर में थी। वे पैगंबर कोई विशेष या अद्वितीय लोग नहीं थे; वे आप और मेरी तरह ही सामान्य इंसान थे। वे महान योगी थे, जिन्होंने अतिचेतन अवस्था प्राप्त की थी—और आप और मैं भी इसे प्राप्त कर सकते हैं। वे अनोखे नहीं थे। अगर एक इंसान उस अवस्था तक पहुँच सका, तो यह साबित करता है कि कोई भी वहाँ तक पहुँच सकता है।

यह न सिर्फ संभव है, बल्कि हर व्यक्ति को अंततः वहाँ पहुँचना ही होगा—यही धर्म का लक्ष्य है। असली शिक्षक अनुभव होता है। हम जीवन भर बातें कर सकते हैं, तर्क कर सकते हैं, लेकिन जब तक हम खुद सत्य का अनुभव न करें, तब तक हम उसे समझ नहीं सकते। किसी को सिर्फ किताबें देकर सर्जन नहीं बनाया जा सकता। आप

मुझे नक्शा दिखाकर किसी देश को देखने की मेरी जिज्ञासा खत्म नहीं कर सकते। मुझे खुद जाकर देखना होगा। नक्शे केवल भीतर एक उत्सुकता पैदा करते हैं, ताकि हम असली अनुभव की ओर बढ़ें—उनका कोई और महत्व नहीं है।

अगर हम सिर्फ किताबों पर टिके रहेंगे, तो यह मन को भ्रष्ट कर देगा। इससे बड़ा ईश्वर का अपमान क्या हो सकता है कि कोई कहे—ईश्वर का पूरा ज्ञान सिर्फ एक किताब में समाया हुआ है? मनुष्य ईश्वर को अनंत कहता है, फिर भी उसकी पूरी सच्चाई को एक छोटी सी किताब के भीतर बाँधने की कोशिश करता है! इतिहास में लाखों लोग इसलिए मारे गए क्योंकि उन्होंने किताबों में लिखी बातों को नहीं माना, क्योंकि वे यह नहीं मान सके कि ईश्वर का सारा ज्ञान सिर्फ एक किताब में बंद हो सकता है।

आज भले ही हत्या और हिंसा बंद हो गई हो, लेकिन अब भी दुनिया का एक बड़ा हिस्सा किताबों के शब्दों के विश्वास से बंधा हुआ है।

*

जब मन को किसी खास आंतरिक या बाहरी स्थान पर स्थिर रहने की आदत डाली जाती है, तो उसमें उस बिंदु की ओर लगातार बहने की शक्ति आ जाती है। इसे ध्यान की अवस्था कहा जाता है। जब कोई व्यक्ति इस ध्यान को इतना गहरा बना लेता है कि वह बाहरी अनुभूति को पूरी तरह छोड़कर केवल भीतर की अनुभूति पर केंद्रित हो जाता है, तो इसे समाधि कहा जाता है।

इसका मतलब है: पहले मन को किसी एक विषय पर एकाग्र किया जाता है। फिर यह एकाग्रता थोड़ी देर तक बनाए रखी जाती है। और अंत में, जब यह एकाग्रता पूरी तरह भीतरी अनुभूति पर केंद्रित हो जाती है—जिसका विषय पहले केवल एक प्रभाव था—तब ऐसा मन सबकुछ नियंत्रित करने में सक्षम हो जाता है।

यह ध्यान की अवस्था ही अस्तित्व की सबसे ऊँची अवस्था मानी

जाती है। जब तक इच्छा बनी रहती है, तब तक असली सुख नहीं मिल सकता। असली आनंद और सुख केवल तभी आता है जब विषयों का विचार बिना किसी लगाव के, एक साक्षी की तरह किया जाए।

पशु को आनंद अपनी इंद्रियों में मिलता है, इंसान को अपनी बुद्धि में, और भगवान को आध्यात्मिक चिंतन में। यह संसार केवल उसी आत्मा को सुंदर लग सकता है जिसने यह चिंतनशील अवस्था प्राप्त कर ली है। जो किसी भी चीज़ की इच्छा नहीं करता और किसी चीज़ में उलझता नहीं है, उसके लिए प्रकृति के सभी बदलाव एक सुंदर और शानदार दृश्य बन जाते हैं।

गैर अनुलग्नक

क्या त्याग का मतलब है कि हम सब तपस्वी बन जाएँ? फिर दूसरों की मदद कौन करेगा? त्याग का मतलब तप नहीं है। क्या हर भिखारी मसीह है? गरीबी का मतलब पवित्रता नहीं होता; अक्सर इसका उल्टा होता है।

त्याग असली में मन का होता है। यह कैसे आता है? एक बार रेगिस्तान में मुझे प्यास लगी और मैंने एक झील देखी—एक सुंदर नज़ारे के बीच, जिसके चारों ओर पेड़ थे, और उनके प्रतिबिंब पानी में दिख रहे थे। लेकिन वह सब एक मृगतृष्णा थी।

फिर मुझे समझ में आया कि मैं एक महीने से हर दिन उसे देख रहा था। लेकिन सिर्फ उसी दिन, जब मुझे प्यास लगी थी, तब मुझे पता चला कि वह झील असली नहीं थी। एक महीने तक मैं उसे रोज़ देखता रहूँगा, लेकिन अब कभी उसे सच नहीं मानूँगा।

इसी तरह, जब हम ईश्वर तक पहुँचते हैं, तो ब्रह्मांड, शरीर वगैरह सबका विचार मिट जाता है। यह विचार फिर से लौटेगा, लेकिन अगली बार हम जानेंगे कि यह सब असत्य है।

दुनिया का असली इतिहास बुद्ध और ईसा जैसे लोगों का है। जो लोग इच्छारहित और अनासक्त होते हैं, वही दुनिया के लिए सबसे ज़्यादा काम करते हैं।

झुग्गियों में रहने वाले जीसस की कल्पना कीजिए—वह दुख के पार देखता है और कहता है, "मेरे भाइयों, तुम सब दिव्य हो।" उसका काम शांति से होता है। वह दुख के कारणों को हटा देता है।

आप तभी दुनिया के भले के लिए सही मायनों में काम कर पाएँगे जब आप समझ लेंगे कि यह सब काम एक भ्रम है।

कोई काम जितना अधिक अचेतन रूप से किया जाए, वह उतना ही अच्छा होता है, क्योंकि तब वह अधिचेतन के ज़्यादा करीब होता है। हमारा उद्देश्य अच्छाई या बुराई की खोज नहीं है; लेकिन खुशी और अच्छाई, बुराई की तुलना में सत्य के अधिक पास होती हैं।

एक आदमी की उंगली में एक कांटा चुभ गया। उसने उसे निकालने के लिए एक और कांटे का इस्तेमाल किया। पहला कांटा बुराई है, दूसरा अच्छाई। लेकिन आत्मा तो वह शांति है जो बुराई और अच्छाई दोनों से परे है।

ब्रह्मांड बदल रहा है—मनुष्य ईश्वर के करीब आ रहा है। एक पल के लिए वह पूर्ण रूप से ईश्वर होता है—वास्तविकता में। फिर वह अलग हो जाता है—एक पैगम्बर बन जाता है। अब उसके सामने दुनिया कांप रही है।

एक मूर्ख सोता है और एक मूर्ख जागता है—वह अचेतन व्यक्ति है। लेकिन जो अधिचेतन तक पहुँचता है, वह अनंत शक्ति, पवित्रता और प्रेम से भरकर लौटता है—वह ईश्वर-मनुष्य होता है।

यही अधिचेतन अवस्था का असली उपयोग है।

*

आसक्ति ही हमारे सारे सुखों का कारण है। हम अपने दोस्तों, रिश्तेदारों से जुड़े होते हैं; हम अपने बौद्धिक और आध्यात्मिक कामों से जुड़े होते हैं; हम बाहरी चीज़ों से जुड़े होते हैं ताकि उनसे हमें सुख मिल सके। तो फिर दुख कहाँ से आता है, अगर नहीं इसी आसक्ति से?

अगर हमें सुख चाहिए, तो हमें खुद को अलग करना सीखना होगा। अगर हमारे पास अपनी इच्छा से अलग होने की शक्ति हो, तो हमें दुख नहीं होगा। प्रकृति का सबसे बड़ा सुख वही व्यक्ति पा सकता है जो पूरी शक्ति से किसी चीज़ से जुड़ सकता है और जब चाहे उससे खुद

को अलग भी कर सकता है।

मुद्दा यह है कि हमें जितनी शक्ति जुड़ने की चाहिए, उतनी ही शक्ति अलग होने की भी चाहिए। कुछ लोग ऐसे होते हैं जो किसी चीज़ से कभी नहीं जुड़ते। वे प्रेम नहीं कर सकते, उनके दिल कठोर होते हैं, वे जीवन के ज़्यादातर दुखों से तो बच जाते हैं—लेकिन दीवार भी कभी दुख नहीं महसूस करती, न ही प्रेम करती है। मगर वह दीवार ही तो है।

साफ़ है कि दीवार बनने से बेहतर है कि हम जुड़ें — अगर वह हमें बांध ले। जो कभी प्यार नहीं करता, जो पत्थर की तरह कठोर है, वह न दुख जानता है, न सुख। हम ऐसा जीवन नहीं चाहते। यह कमजोरी है, यह मरना है।

एक आत्मा सच में जाग्रत तभी होती है जब वह कभी कमजोरी महसूस करती है, कभी दुख महसूस करती है। जो ऐसा नहीं करता, वह कठोर बना रहता है। और हम कठोर नहीं बनना चाहते।

साथ ही, हम सिर्फ प्रेम की इस महान शक्ति नहीं चाहते—इस बड़ी आसक्ति की शक्ति, जिसमें हम अपनी पूरी आत्मा किसी एक चीज़ में लगा दें, खुद को उसमें खो दें, खुद को मिटा दें—जैसे यह दूसरों की आत्माओं के लिए होती है, और जिसे देवता जैसी शक्ति माना जाता है—बल्कि हम देवताओं से भी ऊँचे बनना चाहते हैं।

एक पूर्ण व्यक्ति वह होता है जो अपनी पूरी आत्मा को प्रेम के एक ही बिंदु पर केंद्रित कर सकता है, और फिर भी वह उसमें बंधता नहीं—वह अनासक्त रहता है। यह कैसे संभव है? यह जानने के लिए एक और गहरा रहस्य है।

भिखारी कभी सच में खुश नहीं होता। भिखारी को जो भी मिलता है, वह उसे दया या तिरस्कार के साथ दिया जाता है—कम से कम यह सोचकर कि वह तुच्छ है। और इसलिए, भिखारी को जो मिलता है, उसका वह असली आनंद कभी नहीं ले पाता।

हम सब भिखारी हैं। हम जो कुछ भी करते हैं, उसका फल चाहते हैं। हम सब व्यापारी हैं। हम जीवन में सौदे करते हैं, सद्गुणों में सौदे करते हैं, धर्म में भी सौदे करते हैं। और दुख की बात यह है कि हम प्रेम में भी सौदा करते हैं।

अगर आप सौदा करने आए हैं, अगर यह देना-लेना है, खरीदना-बेचना है, तो फिर उन नियमों का पालन करें। जैसे बाजार में कभी अच्छा समय होता है, कभी बुरा; कभी कीमतें बढ़ती हैं, कभी गिरती हैं—उसी तरह यहां भी झटका आने की उम्मीद रखनी चाहिए।

यह वैसा ही है जैसे आप दर्पण में अपना चेहरा देखें: जैसा चेहरा बनाएंगे, वैसा ही दिखेगा। अगर आप मुंह बनाते हैं, तो दर्पण में वही दिखेगा; अगर आप हँसते हैं, तो दर्पण हँसेगा। यही तो व्यापार है—देना और लेना।

हम इसमें फँस जाते हैं। कैसे? जो हम देते हैं, उससे नहीं—बल्कि जो हम बदले में पाने की उम्मीद करते हैं, उससे। हम अपने प्रेम के बदले दुख पाते हैं, क्योंकि हमारी इच्छाएँ दुख लाती हैं। चाह, इच्छा—यही सभी दुखों की जड़ हैं। इच्छाएँ हमेशा सफलता और असफलता के साथ जुड़ी होती हैं, इसलिए वे अंत में दुख ही लाती हैं.

*

सच्ची सफलता और सच्ची खुशी का सबसे बड़ा रहस्य यही है: जो व्यक्ति बदले में कुछ नहीं चाहता, जो पूरी तरह निःस्वार्थ होता है, वही सबसे सफल होता है।

यह बात सुनने में विरोधाभासी लगती है। क्या हम नहीं जानते कि जो लोग जीवन में निःस्वार्थ होते हैं, उन्हें अक्सर धोखा मिलता है, वे चोट खाते हैं? बिल्कुल, ऐसा होता है। “मसीह निःस्वार्थ थे, फिर भी उन्हें सूली पर चढ़ाया गया।”

यह सच है, लेकिन हम यह भी जानते हैं कि उनकी निःस्वार्थता ही उनकी सबसे बड़ी जीत थी। उसी ने करोड़ों लोगों को सच्ची सफलता और आशीर्वाद दिए।

कुछ मत मांगो; बदले में कुछ मत चाहो। जो तुम्हारे पास है, बस उसे दो। वह तुम्हारे पास ज़रूर लौटेगा—हज़ार गुना होकर लौटेगा—लेकिन अभी उसके बारे में मत सोचो। देने की शक्ति रखो: दो, और यहीं बात खत्म करो।

सीखो कि असली जीवन देने में ही है। प्रकृति तुम्हें देने के लिए मजबूर करेगी।

इसलिए, खुशी-खुशी दो। देर-सबेर तुम्हें देना ही पड़ेगा। तुम जीवन में चीजें इकट्ठा करने आए हो। मुट्ठी बंद करके सब कुछ अपने पास रखना चाहते हो। लेकिन प्रकृति तुम्हारे गले पर हाथ रखती है और तुम्हारे हाथ खोल देती है।

चाहे तुम चाहो या न चाहो, तुम्हें देना ही होगा। जिस पल तुम कहते हो, “मैं नहीं दूँगा”, उसी पल तुम्हें झटका लगता है; तुम दुखी हो जाते हो। कोई भी इससे नहीं बच सकता—आखिर में सबको सब कुछ छोड़ना ही पड़ता है। और जो इस सच्चाई के खिलाफ सबसे ज्यादा लड़ता है, वही सबसे ज़्यादा दुखी होता है।

हम दुखी इसलिए हैं क्योंकि हमें देने की हिम्मत नहीं होती, क्योंकि हम प्रकृति की इस महान माँग को स्वीकार करने के लिए तैयार नहीं होते। जंगल कट जाता है, लेकिन हमें उसकी जगह गर्मी मिलती है। सूरज समुद्र से पानी खींचता है ताकि उसे बारिश के रूप में लौटा सके।

आप एक लेने और देने की मशीन हैं: आप जो भी लेते हैं, वह इसलिए होता है ताकि आप उसे दे सकें। इसलिए, बदले में कुछ भी मत माँगो; लेकिन जितना ज़्यादा आप दोगे, उतना ही ज़्यादा आपके पास वापस आएगा।

जितनी जल्दी आप इस कमरे की हवा निकाल देंगे, उतनी ही तेजी से वह बाहर की हवा से भर जाएगा। लेकिन अगर आप हर दरवाज़ा और हर छेद बंद कर देंगे, तो जो हवा अंदर है, वह वहीं रह जाएगी, लेकिन बाहर की हवा कभी अंदर नहीं आ पाएगी। और जो भीतर की हवा है, वह धीरे-धीरे रुक जाएगी, सड़ जाएगी, और जहरीली हो जाएगी।

एक नदी लगातार अपने पानी को समुद्र में खाली करती रहती है और फिर भी लगातार खुद को भरती रहती है।

*

इसलिए भिखारी मत बनो, अनासक्त रहो।

यह जीवन का सबसे कठिन काम है! जब आप इस रास्ते पर चलते हैं, तो आप उसमें आने वाले खतरों का सही अंदाजा नहीं लगा पाते। भले ही आप समझते हों कि रास्ता मुश्किल होगा, असल में जब तक आप उन कठिनाइयों को महसूस नहीं करते, तब तक आप उन्हें जान नहीं सकते। दूर से कोई जगह सुंदर पार्क जैसी लग सकती है—लेकिन आपको उसका असली अनुभव तभी होता है जब आप उसके अंदर होते हैं।

भले ही हर कोशिश नाकाम हो जाए, हम टूट जाएँ, घायल हो जाएँ—फिर भी इन सबसे गुज़रते हुए हमें अपने हृदय को सुरक्षित रखना होता है। हमें इन तमाम कठिनाइयों के बीच अपने भीतर के ईश्वर को जागृत करना होता है।

प्रकृति चाहती है कि हम पलटवार करें—घाव के बदले घाव, छल के बदले छल, झूठ के बदले झूठ। और इन प्रतिक्रियाओं से बचने, शांत रहने, अनासक्त रहने के लिए एक महान दिव्य शक्ति की ज़रूरत होती है।

हर दिन हम खुद से वादा करते हैं कि हम अनासक्त रहेंगे। हम पीछे देखते हैं और याद करते हैं कि हमारी पुरानी प्रेम या आसक्ति की

हर चीज़ ने हमें कितना दुख दिया। हमने जिनसे प्यार किया, उनके कारण हम दुख की गहराइयों में डूबे। हमने खुद को दूसरों के हाथों में सौंप दिया और बार-बार चोट खाई।

फिर हम एक नया संकल्प लेते हैं: "अब से मैं खुद का स्वामी बनूंगा, खुद को नियंत्रित करूंगा।" लेकिन फिर समय आता है, और वही पुरानी कहानी दोहराई जाती है। आत्मा फिर से फँस जाती है, और बाहर नहीं निकल पाती। वह एक पक्षी की तरह है जो जाल में फँस गया है—छटपटाता है, फड़फड़ाता है, लेकिन निकल नहीं पाता। यही हमारा जीवन है।

मैं इन कठिनाइयों को जानता हूँ। वे बहुत बड़ी हैं। और हममें से नब्बे प्रतिशत लोग हार मान लेते हैं, निराश हो जाते हैं। फिर वे ईमानदारी, प्रेम और हर उस चीज़ में विश्वास खो देते हैं जो ऊँची और महान है।

इसलिए हम देखते हैं कि जो लोग अपने जीवन की शुरुआत में कोमल, दयालु, सरल और सच्चे होते हैं, वे बुढ़ापे में झूठे मुखौटे पहनने लगते हैं। उनके भीतर उलझनों का ढेर जमा हो जाता है।

शायद उनके व्यवहार में बाहर से बहुत शालीनता दिखती हो। वे गुस्सा नहीं करते, चिल्लाते नहीं, लेकिन शायद ऐसा करना उनके लिए बेहतर होता। उनके दिल मर चुके हैं, इसलिए वे बोल ही नहीं पाते। वे न तो गाली दे सकते हैं, न गुस्सा कर सकते हैं—लेकिन अगर वे ऐसा कर सकते, तो शायद हज़ार गुना बेहतर होता।

उनके दिल में जैसे मौत उतर आई है। ठंडे हाथों ने उसे पकड़ रखा है, और अब वह कुछ भी नहीं कर सकता—यहाँ तक कि गाली तक नहीं दे सकता, कठोर शब्द तक नहीं कह सकता।

हमें इस हालत से बचना है। इसलिए मैं कहता हूँ, हमें एक अत्यंत दिव्य शक्ति की ज़रूरत है। सामान्य मानवीय शक्ति काफी नहीं है। केवल दिव्यता से भरी यह विशेष शक्ति ही एकमात्र उपाय है। सिर्फ

इसी से हम इन उलझनों, दुखों, और परेशानियों से बिना टूटे निकल सकते हैं।

चाहे हमें टुकड़ों में काट दिया जाए, टुकड़े-टुकड़े कर दिया जाए—हमारा हृदय फिर भी हमेशा महान और महानतर बना रहेगा।

यह बहुत मुश्किल है, लेकिन हम निरंतर अभ्यास से इस कठिनाई पर विजय पा सकते हैं। हमें यह सीखना चाहिए कि जब तक हम खुद को इसके प्रति संवेदनशील नहीं बनाते, तब तक हमारे साथ कुछ नहीं हो सकता।

*

मैंने अभी कहा कि जब तक शरीर तैयार नहीं होता, तब तक कोई बीमारी नहीं आ सकती। यह सिर्फ कीटाणुओं पर निर्भर नहीं करता, बल्कि शरीर की पहले से मौजूद एक खास प्रवृत्ति पर निर्भर करता है। हमें वही मिलता है जिसके लिए हम भीतर से तैयार होते हैं।

आइए, हम अपना अहंकार छोड़ दें और समझें कि दुख कभी भी बेवजह नहीं होता। कोई भी चोट या बुराई बिना कारण नहीं आती—हमने खुद ही उसके लिए रास्ता बनाया होता है। हमें यह सच्चाई जाननी चाहिए।

अगर आप खुद का विश्लेषण करें, तो पाएँगे कि जो भी चोट या आघात आपको मिला है, वह इसलिए आया क्योंकि आपने खुद को उसके लिए तैयार किया था। आधा हिस्सा आपने खुद बनाया और आधा बाहरी दुनिया ने जोड़ा—तभी वह आघात आया। यह समझ आपको भीतर से शांत कर देगी।

इसी विश्लेषण से एक उम्मीद की किरण भी मिलेगी—और वह यह है: "बाहरी दुनिया पर मेरा नियंत्रण नहीं है, लेकिन जो मेरे भीतर है, जो मेरी अपनी दुनिया है, वह मेरे नियंत्रण में है। अगर विफलता लाने

के लिए दोनों का साथ चाहिए, अगर चोट पहुँचाने के लिए दो पक्ष चाहिए, तो मैं वह हिस्सा नहीं दूँगा जो मेरे पास है। और फिर, चोट कैसे आ सकती है?"

अगर मुझे खुद पर असली नियंत्रण मिल जाए, तो कोई झटका कभी नहीं आ सकता।

*

अनासक्ति और अभ्यास से ध्यान सिद्ध होता है।

*

"मैं तुम्हारे बारे में कुछ नहीं कह सकता, बस इतना कह सकता हूँ कि तुम मेरे प्रेम हो। तुम सुंदर हो, ओह, तुम बेहद सुंदर हो! तुम खुद ही सुंदरता हो।" इस योग का असली अर्थ यह है कि हमारी सुंदरता की प्यास ईश्वर की ओर मुड़नी चाहिए।

किसी इंसान के चेहरे में, आकाश में, तारों में, चाँद में जो सुंदरता हम देखते हैं, वह केवल उस सर्वव्यापी दिव्य सुंदरता की एक झलक है। "वह चमकता है, इसलिए सब कुछ चमकता है। उसी के प्रकाश से सभी चीज़ें चमकती हैं।"

भक्ति के इस ऊँचे स्तर को अपनाओ, जो तुम्हें एक पल में अपने सारे छोटे-छोटे अहंकारों को भुला देने पर मजबूर कर दे। खुद को दुनिया की हर छोटी स्वार्थी आसक्ति से अलग कर दो। मानवता को अपने सारे लक्ष्य और उम्मीदों का केंद्र मत बनाओ।

एक साक्षी की तरह, एक विद्यार्थी की तरह खड़े रहो, और प्रकृति में घट रही घटनाओं को देखो। मनुष्यों के प्रति व्यक्तिगत लगाव से मुक्त रहो, और देखो कि यह महान प्रेम की भावना इस संसार में कैसे काम कर रही है।

कभी-कभी थोड़ा बहुत टकराव या घर्षण होता है, लेकिन वह केवल तब आता है जब हम सच्चे, ऊँचे प्रेम को पाने की कोशिश कर रहे होते हैं। कभी-कभी थोड़ा संघर्ष होता है या हम थोड़ा नीचे गिरते हैं; लेकिन यह सब बस संयोग से होता है।

बस एक तरफ खड़े हो जाओ और इन घर्षणों को आने दो। आप इन टकरावों को केवल तब महसूस करते हैं जब आप संसार की धारा में डूबे होते हैं। लेकिन जब आप उस धारा से बाहर होते हैं, केवल एक साक्षी और एक विद्यार्थी की तरह देखते हैं, तब आप देख पाएंगे कि ईश्वर प्रेम के रूप में खुद को प्रकट करने के लिए लाखों-करोड़ों रास्तों से बह रहे हैं।

*

भक्तियोगी जीवन के संघर्षों का मतलब जानता है; वह उन्हें समझता है। वह पहले भी ऐसे कई संघर्षों से गुज़र चुका होता है और जानता है कि उनका क्या अर्थ है। अब वह इन संघर्षों से पूरी ईमानदारी के साथ मुक्त होना चाहता है; वह टकराव से बचना चाहता है और सीधे उस एकमात्र आकर्षण के केंद्र, महान हरि की ओर जाना चाहता है।

यही भक्त का असली त्याग है। भगवान के प्रति उसका गहरा आकर्षण बाकी सभी आकर्षणों को मिटा देता है। भगवान के लिए यह असीम प्रेम जब उसके दिल में उतरता है, तो वहां किसी और प्रेम के लिए कोई जगह नहीं बचती।

और क्या हो सकता है? भक्ति उसके दिल को प्रेम के उस दिव्य सागर से भर देती है, जो स्वयं भगवान हैं। तब उसमें छोटे-छोटे प्रेमों के लिए कोई स्थान नहीं रहता। इसका मतलब यह है कि भक्त का त्याग वही वैराग्य है—जो भगवान के अलावा बाकी हर चीज़ के लिए अनासक्ति है, और जो केवल भगवान के प्रति गहरे प्रेम और आसक्ति से ही जन्म लेता है।

*

जब भी हम किसी चीज़ को “मेरा” कहते हैं, तो उसी पल दुख शुरू हो जाता है। मन में भी यह मत कहो, “मेरा बच्चा।” बच्चा जरूर हो, पर उसे “मेरा” मत कहो। अगर तुम ऐसा कहोगे, तो दुख ज़रूर आएगा।

“मेरा घर” मत कहो, “मेरा शरीर” मत कहो। सारी मुश्किल यहीं से शुरू होती है। यह शरीर न तुम्हारा है, न मेरा, न किसी और का। ये शरीर प्रकृति के नियमों के अनुसार आते हैं और चले जाते हैं। लेकिन हम इन सबसे अलग हैं, स्वतंत्र हैं, और साक्षी की तरह खड़े रहते हैं।

यह शरीर किसी चित्र या दीवार से ज्यादा स्वतंत्र नहीं है। तो हमें इसके साथ इतनी आसक्ति क्यों होनी चाहिए? जैसे एक चित्रकार चित्र बनाता है और फिर आगे बढ़ जाता है, वैसे ही हमें भी बढ़ जाना चाहिए। स्वार्थ मत लाओ कि “मुझे यह चाहिए ही चाहिए।” जैसे ही यह इच्छा आती है, दुख शुरू हो जाता है।

इसलिए कर्मयोग कहता है कि पहले स्वार्थ की इस प्रवृत्ति को मिटाओ, और जब तुममें इसे रोकने की शक्ति आ जाए, तो उसे रोको और मन को स्वार्थ की राह पर न जाने दो। फिर तुम संसार में जाओ और जितना हो सके उतना काम करो। जहाँ चाहो जाओ, सभी में घुल-मिल जाओ; तब भी बुराई तुमको छू नहीं सकेगी। जैसे कमल का पत्ता पानी में होता है, लेकिन पानी उसे छू नहीं सकता या उससे चिपक नहीं सकता — वैसे ही तुम भी संसार में रहोगे। यही है “वैराग्य”, यानी अनासक्ति।

मैंने शायद तुम्हें बताया है कि बिना अनासक्ति के कोई भी योग संभव नहीं। अनासक्ति सभी योगों की नींव है। जो व्यक्ति घर, अच्छे कपड़े और स्वादिष्ट भोजन छोड़कर रेगिस्तान चला जाता है, वह सबसे अधिक आसक्त भी हो सकता है। उसके लिए केवल उसका शरीर ही सब कुछ हो सकता है, और जब वह जीवित है, वह केवल उसी के लिए संघर्ष कर रहा हो सकता है।

अनासक्ति का मतलब यह नहीं कि हम अपने शरीर के साथ क्या करते हैं — यह सब मन से जुड़ा होता है। “मैं और मेरा” की जो कड़ी

है, वह मन में है। अगर हमारे शरीर और विषयों के बीच यह कड़ी नहीं है, तो हम कहीं भी रहें, हम अनासक्त हैं। एक व्यक्ति राजा की तरह सिंहासन पर बैठा है और फिर भी पूरी तरह से अनासक्त है; दूसरा व्यक्ति फटे कपड़ों में भी बहुत ज्यादा आसक्त हो सकता है।

इसलिए, पहले हमें अनासक्ति की स्थिति हासिल करनी चाहिए, और फिर कर्म करते जाना चाहिए। कर्मयोग वही विधि है जो हमें इन सब आसक्तियों को त्यागने में मदद करती है — हालांकि यह वास्तव में कठिन है।

*

शरीर हमारा शत्रु भी है और मित्र भी। आप में से कौन दुख को देख सकता है? और कौन नहीं देख सकता जब आप उसे सिर्फ एक पेंटिंग की तरह देखते हैं? क्योंकि वह अवास्तविक होता है, हम उससे अपनी पहचान नहीं बनाते, भले ही हम जानते हैं कि वह एक पेंटिंग ही है; वह न हमें आशीर्वाद दे सकता है, न हमें चोट पहुँचा सकता है। कैनवास पर बने सबसे भयानक दुख को भी हम आनंद के साथ देख सकते हैं; हम कलाकार की शैली की प्रशंसा करते हैं, उसकी अद्भुत प्रतिभा पर आश्चर्य करते हैं, चाहे चित्रण कितना भी डरावना क्यों न हो। यही रहस्य है — वह है अनासक्ति। बस साक्षी बने रहो।

*

बचपन से मैंने कृष्ण के जीवन की कहानियाँ सुनी हैं। मैं मानता हूँ कि कृष्ण नाम का कोई व्यक्ति जरूर रहा होगा, और उनकी गीता बताती है कि उन्होंने एक अद्भुत ग्रंथ दिया है। मैंने पहले भी कहा था कि किसी व्यक्ति के बारे में दंतकथाओं का विश्लेषण करके उसके चरित्र को समझा जा सकता है। दंतकथाओं की प्रकृति सजावटी होती है। आप देखेंगे कि वे सब उस चरित्र में फिट करने के लिए सँवारी और बदली जाती हैं। उदाहरण के लिए, बुद्ध को लें — उनका

केंद्रीय विचार बलिदान है। हज़ारों कहानियाँ होंगी, लेकिन हर एक में बलिदान की भावना रहेगी। लिंकन के बारे में भी ऐसी ही हज़ारों कहानियाँ मिलेंगी, जो उनकी किसी विशेषता को उजागर करती हैं। आप इन सभी दंतकथाओं को देखें और उनमें जो सामान्य विचार उभरता है, वही उस व्यक्ति का मूल स्वभाव रहा होगा। कृष्ण के संदर्भ में, आप पाएँगे कि उनका केंद्रीय विचार अनासक्ति है। उन्हें किसी चीज़ की ज़रूरत नहीं है। वे कुछ नहीं चाहते। वे केवल कर्म के लिए कर्म करते हैं। "कर्म करो सिर्फ कर्म के लिए। पूजा करो पूजा के लिए। अच्छा करो क्योंकि अच्छा करना अच्छा है। बदले में कुछ मत चाहो।" यही उनके चरित्र की झलक रही होगी। वरना इन सब दंतकथाओं को केवल अनासक्ति के विचार तक नहीं समेटा जा सकता था।

*

शरीर और मन जितने अधिक शुद्ध होंगे, उतनी ही जल्दी तुम्हें मनचाहा फल मिलेगा। तुम्हें पूरी तरह शुद्ध होना होगा। बुरे विचार मत लाओ, क्योंकि वे तुम्हें नीचे गिरा देंगे। यदि तुम पूरी तरह शुद्ध हो और ईमानदारी से अभ्यास करते हो, तो तुम्हारा मन अनंत शक्ति की सर्चलाइट बन सकता है। इसकी पहुँच की कोई सीमा नहीं होती। लेकिन इसके लिए लगातार अभ्यास और संसार से अनासक्ति जरूरी है। जब मनुष्य अतिचेतन अवस्था को प्राप्त करता है, तब शरीर की सभी भावनाएँ समाप्त हो जाती हैं। तभी वह वास्तव में मुक्त और अमर बनता है।

ध्यान

हम प्रकृति के इशारों पर चलते हैं। अगर बाहर कोई आवाज़ होती है, तो हमें उसे सुनना ही पड़ता है। अगर कुछ दिखाई देता है, तो हमें उसे देखना ही होता है—हम ऐसे हैं जैसे दो हज़ार बंदरों की भीड़। हर एक में एक बंदर है।

बंदर बहुत जिज्ञासु होते हैं। इसलिए हम खुद को रोक नहीं पाते और इसे "आनंद लेना" कह देते हैं। यह कैसी अजीब भाषा है! हम कहते हैं कि हम दुनिया का आनंद ले रहे हैं, लेकिन असल में हम खुद को रोक ही नहीं सकते। प्रकृति हमें मजबूर करती है। कोई सुंदर ध्वनि होती है, तो हम उसे सुनते हैं—मानो हमारे पास कोई विकल्प हो!

प्रकृति कहती है, "दुख में डूबो।" और हम तुरंत दुखी हो जाते हैं। हम सुख और संपत्ति की बातें करते हैं, लेकिन एक व्यक्ति मुझे विद्वान कहता है, और दूसरा मूर्ख। ये गिरावटें, ये गुलामी, सब बिना समझे ही होती हैं। जैसे अंधेरे कमरे में लोग एक-दूसरे से टकरा रहे हों।

ध्यान क्या है? ध्यान वह शक्ति है जो हमें इन सभी प्रभावों का विरोध करने में समर्थ बनाती है।

प्रकृति कहती है, "देखो वहाँ सुंदर चीज़ है!" लेकिन मैं नहीं देखता। वह कहती है, "सुगंध है, सूँघो!" मैं अपनी नाक को कहता हूँ, "नहीं सूँघो" और नाक नहीं सूँघती। मैं अपनी आँखों से कहता हूँ, "मत देखो!" और वे नहीं देखतीं।

प्रकृति कभी-कभी कठोर होती है—वह मेरा बच्चा छीन लेती है और फिर कहती है, "अब बैठो और रोओ!" लेकिन मैं कहता हूँ, "मुझे ऐसा नहीं करना है।" मैं उस आदेश से ऊपर उठता हूँ। मुझे आज़ाद रहना है।

कभी कोशिश करके देखो—ध्यान में एक पल के लिए तुम प्रकृति के आदेश को बदल सकते हो। अगर तुम्हारे पास यह शक्ति हो, तो क्या वह स्वर्ग और आज़ादी नहीं होगी? यही है ध्यान की असली शक्ति।

*

हमेशा यह मानो कि यह शरीर एक जड़ मशीन मात्र है। जो भीतर स्थित आत्मा है, वही तुम्हारा सच्चा स्वरूप है। मन उसका पहला सूक्ष्म आवरण है, और यह शरीर उसका स्थूल बाहरी आवरण है। जो आत्म-प्रकाशमान पुरुष है—अविभाज्य और अपरिवर्तनशील—वह इन मायावी परतों के नीचे छिपा हुआ है, इसलिए तुम अपने असली स्वरूप को नहीं जान पाते।

मन हमेशा इन्द्रियों के पीछे दौड़ता है, इसलिए उसकी दिशा भीतर मोड़नी होगी। मन को शांत करना होगा। शरीर तो स्थूल है और मरने के बाद पंचभूतों में मिल जाता है। लेकिन मन, जो पुराने संस्कारों से बना है, जल्दी नहीं मरता। वह बीज की तरह कुछ समय तक रहता है, फिर अंकुर बनकर नए शरीर में जन्म लेता है, और यही जन्म-मरण का चक्र चलता रहता है जब तक आत्मज्ञान प्राप्त न हो जाए।

इसीलिए मैं कहता हूँ: ध्यान और एकाग्रता के अभ्यास से, और दार्शनिक विवेक की शक्ति से, इस मन को सत्-चित-आनंद के परम सागर में डुबो दो। जब मन शांत होता है, तब सभी सीमाएँ मिट जाती हैं और तुम ब्रह्म में स्थिर हो जाते हो।

*

ध्यान की शुरुआत नकारात्मक रूप से होनी चाहिए। हर चीज के बारे में सोचो। इच्छाशक्ति की शुद्ध शक्ति से, मन में आने वाले हर विचार का विश्लेषण करो।

फिर यह जानो कि हम वास्तव में क्या हैं — अस्तित्व, ज्ञान और आनंद — यानी होना, जानना और प्रेम करना।

ध्यान वह साधन है जिससे विषय और वस्तु एक हो जाते हैं। ध्यान करो:

ऊपर, यह मुझसे भरा है; नीचे, यह मुझसे भरा है; बीच में, यह मुझसे भरा है। मैं सभी प्राणियों में हूँ, और सभी प्राणी मुझमें हैं। ओम तत् सत्, मैं वही हूँ। मैं मन से परे हूँ, मैं अस्तित्व हूँ। मैं पूरे ब्रह्मांड की आत्मा हूँ। मैं सुख नहीं हूँ, मैं दुख नहीं हूँ।

शरीर खाता है, पीता है — लेकिन मैं शरीर नहीं हूँ। मैं मन नहीं हूँ। मैं वही हूँ।

मैं साक्षी हूँ। मैं देखता हूँ। जब स्वास्थ्य आता है, तब भी मैं साक्षी हूँ। जब बीमारी आती है, तब भी मैं साक्षी हूँ।

मैं अस्तित्व हूँ, ज्ञान हूँ, आनंद हूँ।

मैं ज्ञान का सार हूँ, अमृत हूँ। मैं अनंत काल तक नहीं बदलता। मैं शांत हूँ, तेजस्वी हूँ, अपरिवर्तनशील हूँ।

*

मोती की तरह बनो, जैसे सीप होती है। एक सुंदर भारतीय कहानी है—अगर स्वाति नक्षत्र के समय बारिश हो और उसकी एक बूँद किसी सीप में गिर जाए, तो वह बूँद मोती बन जाती है। सीपें यह जानती हैं, इसलिए जब यह तारा चमकता है, तो वे सतह पर आ जाती हैं और कीमती बारिश की बूँद के लिए इंतज़ार करती हैं। जैसे ही एक बूँद भीतर गिरती है, वे तुरंत अपने खोल बंद कर लेती हैं और समुद्र की गहराई में चली जाती हैं, वहाँ शांत होकर उस बूँद को मोती में बदल देती हैं।

हमें भी ऐसा ही करना चाहिए। पहले सुनो, फिर समझो, और फिर सभी व्याकुलताओं से दूर होकर, अपने मन को बाहर के प्रभावों से अलग कर लो और अपने भीतर के सत्य को विकसित करने में लग जाओ। केवल इसलिए कि कोई विचार नया है, उसे पकड़ लेना और फिर उसे छोड़कर अगले नए विचार की तरफ भाग जाना—यह तुम्हारी शक्ति को व्यर्थ कर सकता है।

एक काम चुनो, उसे पकड़ो, और अंत तक करो। जब तक उसका अंत न देखो, उसे मत छोड़ो। जो व्यक्ति किसी विचार से पूरी तरह मग्न हो सकता है, वही सच्चा प्रकाश देख सकता है।

जो लोग इधर-उधर की चीज़ें चखते हैं, वे कभी कुछ नहीं पाते। वे बस अपनी नसों को कुछ समय के लिए उत्तेजित कर सकते हैं, लेकिन वहीं सब खत्म हो जाएगा। वे प्रकृति के गुलाम बन जाएँगे, और कभी इंद्रियों से परे नहीं जा पाएँगे।

*

जो लोग सच में योगी बनना चाहते हैं, उन्हें चीजों को थोड़ा-थोड़ा चखने की आदत हमेशा के लिए छोड़ देनी चाहिए। एक विचार को चुनो। उसी एक विचार को अपना जीवन बना लो — उसी पर सोचो, उसी के सपने देखो, उसी विचार के लिए जियो। अपने मस्तिष्क, मांसपेशियों, नसों और शरीर के हर हिस्से को उस विचार से भर दो, और बाकी सभी विचारों को छोड़ दो। यही सफलता का मार्ग है, और इसी तरह महान आध्यात्मिक व्यक्तित्व जन्म लेते हैं। बाकी लोग तो केवल बोलने की मशीनें हैं।

अगर हम सच में धन्य बनना चाहते हैं और दूसरों को भी धन्य बनाना चाहते हैं, तो हमें और गहराई में उतरना होगा। पहला कदम यह है कि अपने मन को अशांत न होने दो, और उन लोगों से न जुड़ो जिनके विचार तुम्हें विचलित करते हैं। तुम जानते हो कि कुछ लोग, कुछ स्थान और कुछ भोजन तुम्हें बेचैन कर देते हैं। उनसे दूर रहो। और जो

लोग सबसे ऊँचाई पर पहुँचना चाहते हैं, उन्हें हर प्रकार की संगति से दूर रहना चाहिए — चाहे वह अच्छी हो या बुरी।

कड़ी मेहनत करो; चाहे जियो या मरो, फर्क नहीं पड़ता। तुम्हें बिना फल की चिंता किए, पूरी तरह काम में जुट जाना है। अगर तुम्हारे भीतर हिम्मत है, तो छह महीने में तुम एक पूर्ण योगी बन सकते हो।

लेकिन जो लोग हर चीज़ को थोड़ा-थोड़ा लेकर चलते हैं — इसमें से थोड़ा, उसमें से थोड़ा — वे कभी प्रगति नहीं कर पाते। केवल ज्ञान इकट्ठा करने से कोई फायदा नहीं होता। जो लोग तामसिक स्वभाव के होते हैं, अज्ञान से भरे होते हैं, जिनकी बुद्धि धीमी होती है — जिनका मन किसी एक विचार पर टिक नहीं पाता और जो केवल मनोरंजन के लिए कुछ पढ़ते-सुनते हैं — उनके लिए धर्म और दर्शन बस मनोरंजन की चीज़ें बन जाते हैं। ये लोग स्थिर नहीं होते। वे कोई भाषण सुनते हैं, उसे अच्छा भी समझते हैं, लेकिन घर जाकर सब भूल जाते हैं।

सफल होने के लिए तुम्हारे पास गहरी दृढ़ता होनी चाहिए, ज़बरदस्त इच्छाशक्ति होनी चाहिए। एक दृढ़ आत्मा कहती है, "मैं तो समुद्र भी पी जाऊंगा," और उसकी इच्छा से पहाड़ भी टूट सकते हैं। उसी प्रकार की ऊर्जा रखो, वैसी ही इच्छाशक्ति विकसित करो, पूरी मेहनत करो — और तुम निश्चित रूप से अपने लक्ष्य तक पहुँच जाओगे।

*

एक आत्मा है जो सबसे महान है। वह ईश्वर है, योग का स्वामी, जो सृष्टिकर्ता है और गुणों के साथ है। वह एक व्यक्ति है। वह सर्वशक्तिमान है और हर दिल में निवास करता है।

उसका कोई शरीर नहीं है, और उसे शरीर की जरूरत भी नहीं है। ध्यान और अन्य अभ्यासों से जो कुछ भी प्राप्त होता है, वही आप

योगियों के स्वामी ईश्वर के ध्यान से भी प्राप्त कर सकते हैं।

इस ईश्वर को या जीवन की शुभ भावना को ध्यान करके भी पाया जा सकता है। इसे वस्तुनिष्ठ ध्यान कहा जाता है।

इसका मतलब है कि आप किसी बाहरी या भीतरी वस्तु का ध्यान करना शुरू करते हैं। यदि आप कोई लंबा मंत्र या वाक्य लेते हैं, तो वह ध्यान नहीं कहलाता। वह केवल मन को एक जगह लाने की एक दोहराव प्रक्रिया है।

ध्यान का असली अर्थ है मन को स्वयं की ओर मोड़ना। जब मन सभी विचार-तरंगों को रोक देता है, तो सारी दुनिया रुक जाती है। तब आपकी चेतना का विस्तार होता है। हर बार जब आप ध्यान करते हैं, तो आप भीतर से और अधिक विकसित होते जाते हैं।

थोड़ा और प्रयास करो, फिर और भी ज़्यादा, और ध्यान स्वतः आ जाएगा। उस समय आपको न शरीर का अहसास होता है, न किसी और चीज़ का। एक घंटे बाद जब आप इस अवस्था से बाहर आते हैं, तो यह आपके जीवन का सबसे सुंदर विश्राम लगता है। यही वह एकमात्र तरीका है जिससे आपका पूरा सिस्टम विश्राम कर सकता है।

सबसे गहरी नींद भी ऐसा विश्राम नहीं दे सकती। नींद के दौरान भी मन लगातार हलचल करता रहता है। लेकिन ध्यान में, कुछ ही मिनटों के लिए, आपका मस्तिष्क लगभग शांत हो जाता है।

सिर्फ थोड़ी-सी जीवन शक्ति शेष रह जाती है। उस अवस्था में अगर आपको टुकड़ों में काट दिया जाए, तब भी कोई अनुभव नहीं होता। उस समय अत्यंत आनंद आता है। आप खुद को बहुत हल्का महसूस

करते हैं। यह संपूर्ण विश्राम, केवल ध्यान में ही संभव है।

*

ध्यान एक प्रकार की प्रार्थना है, और प्रार्थना ही ध्यान है। सबसे ऊँचा ध्यान वह है जब आप किसी भी चीज़ के बारे में न सोचें। अगर आप सिर्फ एक पल के लिए भी बिना सोचे रह सकें, तो आपको बहुत ताकत मिलती है।

ज्ञान का सारा रहस्य एकाग्रता में है। आत्मा, जब वह ईश्वर से पूरे दिल से प्रेम करती है, तब वह खुद को सबसे अच्छी तरह विकसित करती है।

आत्मा ही मनुष्य में सोचने की शक्ति है, और उसका एक हिस्सा मन है। आत्मा से मन तक जाने वाला रास्ता बस एक नाली की तरह होता है।

*

इन विचारों को ध्यान या साधना के माध्यम से समझना होगा। जब हम एक ध्वनि सुनते हैं, तो सबसे पहले बाहरी कंपन होता है; फिर, यह कंपन तंत्रिकाओं के ज़रिए मन तक जाता है; तीसरे चरण में, मन प्रतिक्रिया करता है और उसी क्षण उस वस्तु का ज्ञान प्रकट होता है, जो इन सभी चरणों का कारण थी—ईथर में कंपन से लेकर मन की प्रतिक्रिया तक। योग में इन तीनों को "शब्द" (ध्वनि), "अर्थ" (वस्तु), और "ज्ञान" (बोध) कहा जाता है। भौतिकी और शरीर-विज्ञान की भाषा में इन्हें ईथर की तरंगें, तंत्रिका और मस्तिष्क में गति, और मानसिक प्रतिक्रिया कहा जाता है।

हालाँकि ये तीनों प्रक्रियाएँ अलग-अलग हैं, वे इतनी घुल-मिल गई हैं कि अब अस्पष्ट हो गई हैं। वास्तव में, हम इनमें से किसी एक को स्पष्ट रूप से नहीं देख सकते—हम केवल उनके संयुक्त प्रभाव को देखते हैं, जिसे हम 'बाहरी वस्तु' कहते हैं। अनुभूति की हर प्रक्रिया में ये तीनों मौजूद होती हैं, और ऐसा कोई कारण नहीं कि हम इन्हें अलग करके न समझ सकें।

*

जब मन अभ्यास से स्थिर और नियंत्रित हो जाए और सूक्ष्म देखने की शक्ति हासिल कर ले, तब उसे ध्यान में लगाना चाहिए। ध्यान की शुरुआत स्थूल यानी स्पष्ट वस्तुओं से करनी चाहिए, फिर धीरे-धीरे और सूक्ष्म विषयों की ओर बढ़ना चाहिए, जब तक कि ध्यान पूरी तरह निराकार और विषय-रहित न हो जाए।

मन को पहले बाहरी संवेदनाओं के कारणों को, फिर आंतरिक गतिविधियों को और फिर उनकी प्रतिक्रियाओं को समझने में लगाना चाहिए। जब मन बाहरी कारणों को खुद समझने लगेगा, तब वह सूक्ष्म शरीरों और सभी सूक्ष्म भौतिक रूपों को भी जानने में सक्षम हो जाएगा। जब वह अपने भीतर की हलचलों को समझ लेगा, तब वह हर तरह की मानसिक तरंगों पर नियंत्रण कर सकेगा—यहाँ तक कि उन विचारों पर भी, जो अभी पूरी तरह पैदा नहीं हुए।

और जब वह अपनी मानसिक प्रतिक्रिया को भी पूरी तरह जानने लगेगा, तब उसे हर वस्तु का ज्ञान मिल जाएगा, क्योंकि हर विचार और हर इंद्रिय-बोध इसी प्रतिक्रिया से उत्पन्न होता है। वह मन की जड़ तक पहुँच जाएगा, और फिर मन पूरी तरह उसके नियंत्रण में होगा।

इस स्थिति में योगी के पास कई चमत्कारी शक्तियाँ आ सकती हैं। लेकिन अगर वह इन शक्तियों के आकर्षण में फँस गया, तो उसकी

प्रगति रुक जाएगी। भोग-विलास की ओर भागना भी यही खतरा पैदा करता है।

अगर वह इन शक्तियों को भी नकारने में सक्षम है, तभी वह योग के असली लक्ष्य तक पहुँचता है—मन की सारी तरंगों का शमन। तब शरीर या मन की कोई हलचल उसे प्रभावित नहीं करती, और आत्मा अपनी पूरी महिमा में चमकती है। योगी तब खुद को वैसे ही देखता है जैसे वह हमेशा से था—ज्ञान का स्रोत, अमर, और सर्वव्यापी।

*

ध्यान की शक्ति से हमें सब कुछ प्राप्त होता है। अगर आप प्रकृति पर नियंत्रण पाना चाहते हैं, तो यह ध्यान के ज़रिए संभव है। वैज्ञानिक भी आज सभी खोजें ध्यान की इसी शक्ति से करते हैं। वे अपने अध्ययन में इतने डूब जाते हैं कि सब कुछ भूल जाते हैं—अपनी पहचान तक भी—और तब कोई महान सत्य अचानक एक चमक की तरह प्रकट होता है। कुछ लोग इसे “प्रेरणा” कहते हैं। लेकिन प्रेरणा से ऊपर कुछ नहीं होता, और यह भी याद रखें कि कभी कुछ भी बिना प्रयास के नहीं मिलता।

*

“ओम अक्षर के निरंतर उच्चारण और उसके अर्थ पर ध्यान करने से सब कुछ प्राप्त हो सकता है”, “भगवान का नाम लेने से सभी पाप धुल जाते हैं”, “जो भगवान की इच्छा पर समर्पित हो जाता है, उसे सब कुछ मिल जाता है”—हाँ, ये शास्त्रों और ऋषियों के वचन निश्चित रूप से सत्य हैं।

लेकिन क्या आप नहीं देखते? हममें से हजारों लोग जीवन भर ओम् का ध्यान करते हैं, भगवान के नाम की भक्ति में डूबे रहते हैं, और कहते हैं, “आपकी इच्छा पूरी हो, मैं पूरी तरह समर्पित हूँ”—और फिर भी

उन्हें क्या मिलता है? कुछ भी नहीं!

इसका कारण क्या है? यही बात समझने की जरूरत है।

वास्तविक और प्रभावशाली ध्यान कौन करता है? कौन वास्तव में भगवान की इच्छा में समर्पण कर सकता है? कौन भगवान का नाम अडिग शक्ति से ले सकता है?

वही व्यक्ति धार्मिक है, जिसने चित्त-शुद्धि प्राप्त कर ली है—जिसका मन कर्मों द्वारा शुद्ध हो गया है। दूसरे शब्दों में, वही वास्तव में धार्मिक है।

*

जब मन संदेह में होता है, तब वह अपनी सर्वोच्च अवस्था में नहीं होता। उसकी महान अवस्था है ध्यान। ध्यान में वह सिर्फ देखता है—किसी चीज़ के साथ अपनी पहचान नहीं बनाता। जब तक मुझे दर्द होता है, इसका मतलब है मैंने खुद को शरीर से जोड़ लिया है। जब मुझे आनंद या सुख मिलता है, तब भी मैंने शरीर से जुड़ाव बना लिया है। लेकिन उच्च अवस्था में मन दर्द और आनंद दोनों को एक जैसी तटस्थ दृष्टि से देखता है।

हर ध्यान, वास्तव में, एक प्रत्यक्ष अतिचेतन अनुभव है। पूरी एकाग्रता में आत्मा खुद को स्थूल शरीर से अलग करके पहचानती है कि वह वास्तव में क्या है। जिसे वह चाहती है, वह उसके पास आता है। शक्ति और ज्ञान पहले से ही उसमें होते हैं। आत्मा खुद को निर्बल पदार्थों से जोड़ लेती है और दुखी होती है। वह नश्वर रूपों से अपनी पहचान बना लेती है। लेकिन जब वही आत्मा मुक्त हो जाती है और किसी शक्ति का प्रयोग करना चाहती है, तो वह उसे प्राप्त कर सकती है। अगर वह नहीं चाहती, तो वह शक्ति प्रकट नहीं होती।

जिसने ईश्वर को जान लिया, वह स्वयं ईश्वर हो जाता है। ऐसी मुक्त आत्मा के लिए कुछ भी असंभव नहीं है। उसे फिर न जन्म होता है, न

मृत्यु। वह सदा के लिए मुक्त रहती है।

*

आध्यात्मिक जीवन में सबसे बड़ी सहायता ध्यान है। ध्यान के माध्यम से हम भौतिक परिस्थितियों से मुक्त होकर अपनी दिव्य प्रकृति का अनुभव करते हैं। इसमें हमें किसी बाहरी सहारे की जरूरत नहीं पड़ती। आत्मा का स्पर्श सबसे गंदे स्थान को भी चमका सकता है, सबसे घिनौनी वस्तु में भी सुगंध भर सकता है, दुष्ट को भी दिव्य बना सकता है—और शत्रुता, स्वार्थ सब समाप्त हो जाते हैं।

शरीर पर जितना कम ध्यान दो, उतना बेहतर है, क्योंकि यही शरीर हमें नीचे खींचता है। यही आसक्ति और पहचान है जो हमें दुख देती है।

यही रहस्य है: यह जानना कि मैं आत्मा हूँ, शरीर नहीं, और यह कि यह सम्पूर्ण ब्रह्मांड अपने संबंधों, अच्छाइयों और बुराइयों सहित केवल चित्रों की एक शृंखला है—एक कैनवास पर दृश्य—जिसका मैं केवल साक्षी हूँ।

*

इसे पाने के कई तरीके हैं—हर स्वभाव का अपना तरीका होता है। लेकिन एक बात समान है: मन को काबू में रखना।

मन एक झील की तरह है—हर विचार उसमें पत्थर की तरह गिरकर लहरें पैदा करता है। ये लहरें हमें खुद को देखने नहीं देतीं। जैसे चाँद झील में दिखता है लेकिन पानी अशांत हो तो प्रतिबिंब स्पष्ट नहीं होता।

अगर झील शांत हो जाए, तो प्रतिबिंब साफ दिखेगा। वैसे ही, अगर मन शांत हो जाए, तो हम जान पाएंगे कि हम क्या हैं। भगवान पहले से ही भीतर हैं, लेकिन हमारा मन इंद्रियों के पीछे भागता रहता है।

हम इंद्रियों को बंद भी कर दें, तो भी मन कहीं और भागता है—कभी लंदन, कभी न्यूयॉर्क, कभी पुराने विचारों में।

ध्यान की शक्ति से इन लहरों को रोकना होता है। धीरे-धीरे, क्रमबद्ध रूप से, खुद को प्रशिक्षण देना होता है। यह आसान नहीं है—यह काम दिन, वर्षों या जन्मों में हो सकता है। फिर भी, अभ्यास रुकना नहीं चाहिए।

इंच-दर-इंच हम आगे बढ़ते हैं, और एक दिन वह असली धन मिलेगा—जो कोई छीन नहीं सकता, जो नष्ट नहीं हो सकता, जो ऐसा आनंद देगा जिस पर कोई दुःख असर नहीं डाल सकेगा।

इतने वर्षों तक हम दूसरों पर निर्भर रहे। अगर कोई मुझे थोड़ा सुख देता है और वह चला जाता है, तो मेरा सुख भी चला जाता है। सोचो कितनी मूर्खता है कि हम सुख के लिए दूसरों पर निर्भर रहते हैं! सभी वियोग स्वाभाविक रूप से दुःख लाते हैं। अगर हम धन पर निर्भर हैं, तो वह भी हमेशा बना नहीं रहता। स्वास्थ्य या किसी और चीज़ पर भरोसा करने से भी अंततः दुःख ही मिलेगा।

केवल एक चीज़ स्थायी है—अपरिवर्तनीय आत्मा। बाकी सब चीजें बदलती रहती हैं। केवल आत्मा में ही स्थायित्व है। वही अनंत आनंद है, जो कभी नहीं बदलता। ध्यान वह द्वार है, जो हमें इस स्थायी आनंद तक पहुँचाता है। प्रार्थना, अनुष्ठान और पूजा—ये सब ध्यान की शुरुआत के स्तर हैं।

जब आप प्रार्थना करते हैं या कुछ अर्पित करते हैं, तो एक भावना रहती है कि यह आपकी आध्यात्मिक शक्ति को बढ़ाता है। पहले लोग यह सब अनजाने में करते थे, अब वे इसे जानकर करते हैं।

जो भी सच्चा ज्ञान है—वह ध्यान की शक्ति से आया है। आत्मा ने अपने भीतर से उसे निकाला है। बाहर कभी कोई ज्ञान नहीं था।

अंततः यही ध्यान की शक्ति है जो हमें शरीर से अलग कर देती है,

और तब आत्मा खुद को जान लेती है—जैसी वह है: अजन्मा, अमर, जन्म-मरण से परे। तब कोई दुःख नहीं, कोई जन्म नहीं, कोई विकास नहीं—क्योंकि आत्मा जानती है कि वह सदा से पूर्ण और मुक्त है।

ध्यान की शक्ति

सभी धर्मों ने ध्यान पर ज़ोर दिया है। योगियों ने इसे मन की सर्वोच्च अवस्था माना है। जब मन किसी बाहरी वस्तु पर केंद्रित होता है, तो वह खुद को उसमें खो देता है। एक प्राचीन भारतीय दार्शनिक की तुलना को याद करो: आत्मा एक स्फटिक (क्रिस्टल) की तरह है—जो भी उसके पास आता है, उसका रंग यह ले लेता है। आत्मा जिस चीज़ को छूती है, उसका प्रभाव झेलती है। यही हमारी सबसे बड़ी मुश्किल है। यही बंधन है।

रंग इतना हावी हो जाता है कि स्फटिक खुद को भूलकर सोचता है कि वह वही रंग है। मानो एक लाल फूल के पास रखा स्फटिक खुद को लाल मान ले। हम भी शरीर के रंग में रंग गए हैं और भूल गए हैं कि हम कौन हैं। इसके बाद जो भी परेशानी आती है—डर, चिंता, दुख, गलतियाँ, बुराइयाँ—सब इसी भ्रम से पैदा होती हैं कि हम शरीर हैं।

यह भ्रम साधारण मनुष्य को जकड़े रखता है, जैसे स्फटिक लाल फूल का रंग पकड़ ले। लेकिन सच्चाई यह है: हम शरीर नहीं हैं, जैसे स्फटिक लाल फूल नहीं है।

ध्यान का अभ्यास यही सिखाता है—क्रिस्टल को उसका असली स्वरूप याद दिलाता है। ध्यान हमें किसी भी और चीज़ से ज़्यादा सच्चाई के करीब ले जाता है।

*

भारत में जब दो लोग मिलते हैं, तो वे अंग्रेज़ी में पूछते हैं, “आप कैसे हैं?”, लेकिन भारतीय परंपरा का अभिवादन होता है: “क्या आप अपने आप में स्थित हैं?”

इसका मतलब यही है कि जब आप किसी और चीज़ पर निर्भर होते हैं, तो दुख का खतरा बढ़ जाता है। ध्यान का अर्थ है कि आत्मा खुद पर खड़े होने की कोशिश कर रही है।

यही आत्मा की सबसे स्वस्थ अवस्था मानी जाती है—जब वह खुद को जानती है और अपनी ही महिमा में टिकती है। बाकी सभी साधन—जैसे भावना को जगाना, प्रार्थना करना—भी इसी लक्ष्य की ओर बढ़ने के प्रयास हैं। जब भावना गहराई से जागती है, तब भी आत्मा खुद में स्थिर होने की कोशिश करती है। भले ही वह भावना किसी बाहरी चीज़ से उत्पन्न हुई हो, अंततः मन एक केंद्र पर टिकता है—यही ध्यान की दिशा है।

*

ध्यान के तीन चरण होते हैं। पहला चरण है जिसे धारणा कहते हैं—इसमें मन को किसी एक वस्तु पर टिकाने की कोशिश की जाती है। जैसे मैं अपने मन को इस शीशे पर केंद्रित करता हूँ और बाकी सब चीज़ों को हटाता हूँ। लेकिन शुरू में मन डगमगाता है। जब अभ्यास से यह स्थिर हो जाता है, तो यह ध्यान कहलाता है।

इसके बाद एक और ऊँची अवस्था आती है, जिसे समाधि कहते हैं—जब मन और शीशे के बीच का भेद मिट जाता है। मन और वस्तु एक हो जाते हैं। तब कोई अंतर नहीं रह जाता। सभी इंद्रियाँ शांत हो जाती हैं और उनकी सभी शक्तियाँ मन में समाहित हो जाती हैं। उस अवस्था में यह शीशा पूरी तरह से मन के नियंत्रण में होता है।

यह अनुभूति का विषय है—और यही योगियों द्वारा साधा जाने वाला अद्भुत खेल है।

*

मान लो कि कोई बाहरी वस्तु मौजूद है। लेकिन जो चीज़ हम देखते

हैं, वह असली बाहरी वस्तु नहीं है। मैं जो कांच देख रहा हूँ, वह असल में वही नहीं है जो बाहर मौजूद है। बाहर से कोई चीज़ मुझ पर असर डालती है, और मैं अंदर से उस पर प्रतिक्रिया देता हूँ। कांच इन दोनों का परिणाम है: बाहर की क्रिया X, और भीतर की प्रतिक्रिया Y। तो कांच = X + Y।

X को कहें बाहरी दुनिया, Y को कहें आंतरिक। अब अगर आप यह जानने की कोशिश करें कि क्या आपका मन है और क्या दुनिया—तो आप नहीं बता पाएँगे। दुनिया असल में आपका और किसी बाहरी चीज़ का संयोजन है।

एक और उदाहरण लो: आप झील में पत्थर फेंकते हो, और उससे लहरें बनती हैं। बाहरी चीजें उसी तरह हैं जैसे पत्थर, और मन की लहरें उनसे पैदा होती हैं। इन्हीं से हम दुनिया बनाते हैं।

यहाँ हम आदर्शवाद या यथार्थवाद की बात नहीं कर रहे, बल्कि सिर्फ यह कह रहे हैं कि जो हम देखते हैं वह केवल बाहर की वस्तु नहीं है—हम उसमें खुद को भी जोड़ते हैं।

मान लो, मैं गिलास में से अपना हिस्सा हटा दूँ—तो क्या बचेगा? लगभग कुछ नहीं। गिलास मानो गायब हो जाएगा।

अगर मैं मेज़ से अपना हिस्सा हटा दूँ, तो वहाँ कुछ नहीं बचेगा, क्योंकि मेज़ असल में बाहरी वस्तु और मेरे मन के मिलेजुले अनुभव का परिणाम है। जैसे झील में जब कोई पत्थर फेंकता है, तो झील को प्रतिक्रिया में लहर बनानी पड़ती है, वैसे ही मन को हर अनुभव पर प्रतिक्रिया देनी होती है।

अब सोचो, अगर हम मन को रोक सकें—हम तुरन्त मालिक बन जाते हैं। इसका मतलब है, हम तय करते हैं कि प्रतिक्रिया दें या नहीं। जब हम प्रतिक्रिया नहीं देते, तो घटना वहीं रुक जाती है।

हर बार जब आप किसी चीज़ को अनुभव करते हैं, तो आप उसमें

अपना योगदान दे रहे हैं। हम खुद ही अपने अनुभवों की ज़ंजीरें बना रहे हैं। अगर मैं बाहरी वस्तु और अपने बीच की पहचान को हटा दूँ, तो वह वस्तु जैसे गायब हो जाएगी। मैं सोचता हूँ, "यह गिलास है," लेकिन जैसे ही मैं अपना मन हटा लेता हूँ, वह गायब हो जाता है—क्योंकि अब मेरा कोई योगदान नहीं बचा।

अगर आप सचमुच ऐसा कर पाओ, तो आप पानी पर चल सकते हो—पानी आपको क्यों डुबाएगा जब आप उसमें अपनी पहचान नहीं डाल रहे हो? ज़हर? वह भी असर नहीं करेगा। क्योंकि हर अनुभव आधा आपका और आधा प्रकृति का होता है। अगर आप अपना हिस्सा हटा लें, तो वह रुक जाता है।

हर क्रिया की प्रतिक्रिया होती है। कोई मुझे मारता है, यह उसकी क्रिया है। लेकिन मेरे शरीर की प्रतिक्रिया जरूरी नहीं—अगर मेरे पास इतनी शक्ति हो कि मैं प्रतिक्रिया को रोक सकूँ।

क्या ऐसा हो सकता है? शास्त्र कहते हैं हाँ। अगर आप बिना जाने करते हैं, तो वह चमत्कार कहलाता है। अगर आप समझ कर करते हैं, तो वह योग है।

मैंने लोगों को मन की शक्ति से ठीक होते देखा है। एक कहता है कि उसने प्रार्थना की और चमत्कार हुआ। दूसरा कहता है कि यह सिर्फ मन की वैज्ञानिक शक्ति थी—वह जानता था कि वह क्या कर रहा था।

ध्यान से सब कुछ पाया जा सकता है। अगर आप प्रकृति पर नियंत्रण चाहते हैं, तो वह ध्यान के जरिए ही संभव है। वैज्ञानिक भी जब कोई खोज करते हैं, तो वे पूरी तरह विषय में डूब जाते हैं—अपनी पहचान तक भूल जाते हैं—और तब अचानक सत्य प्रकट होता है। लोग इसे प्रेरणा कहते हैं, लेकिन यह असल में लंबे समय की साधना का परिणाम होता है।

प्रेरणा अपने-आप कुछ नहीं देती। यीशु जैसे महापुरुषों की महानता

भी उनके पिछले जीवनों की कठोर तपस्या का फल थी। अगर प्रेरणा अपने-आप आती, तो वह हर किसी पर बरसती। असल में, प्रेरित लोग उन्हीं देशों में पैदा होते हैं जहाँ शिक्षा और संस्कृति होती है। इसलिए जिसे हम प्रेरणा कहते हैं, वह वास्तव में हमारे भीतर पहले से मौजूद तैयारी का ही परिणाम है।

ध्यान की शक्ति से मन की गहराइयों में विचार मथते हैं, और तभी महान सत्य ऊपर आता है। ध्यान एक वैज्ञानिक पद्धति है जो सच्चा ज्ञान देती है। अंधविश्वास और भ्रम से भी ध्यान कुछ हद तक राहत दे सकता है।

मान लो कोई कहता है कि जहर पीने से मृत्यु होगी। अगर दूसरा कहे कि जहर पी लो, और आप नहीं मरते, तो इसका कारण यह है कि ध्यान ने कुछ समय के लिए आपकी और उस जहर की पहचान को तोड़ दिया। पर अगर यह ध्यान टूटा, तो आप मारे जाएंगे। लेकिन अगर आप जानबूझकर और वैज्ञानिक रूप से उस ध्यान की अवस्था को प्राप्त कर लें, तो आप स्वयं को या किसी और को बचा सकते हैं।

ध्यान की शक्ति को समझना और अभ्यास करना ही असली रास्ता है। किताबें यही कहती हैं, लेकिन इसे सच में कितना अपनाया जा सकता है, यह आप तय करें।

*

यह पूछा जाता है, "भारतीय लोग इन आध्यात्मिक बातों में इतनी बातें क्यों करते हैं, लेकिन फिर भी इन्हें पूरी तरह क्यों नहीं अपनाते? आप खुद को श्रेष्ठ बताते हैं, कहते हैं कि आप योग में पारंगत हैं, आप अधिक स्वस्थ हैं। तो फिर क्यों नहीं दिखता कि आप सबसे आगे हैं? अगर आप सचमुच महान हैं, तो आपके पास एक महान पद्धति भी होनी चाहिए। आपको पुराने देवताओं को छोड़ देना चाहिए, जैसे आपने दार्शनिकों को अपनाया।

"आप भी बाकी दुनिया की तरह अंधविश्वास में डूबे हैं। अगर आपके पास कोई सच्चा दावा है, तो साहस दिखाइए और उस स्वर्ग को हासिल करिए जो संभव है। जैसे कस्तूरी मृग अपनी ही सुगंध को बाहर खोजता रहता है, वैसे ही आप भी बाहर ढूंढ़ते हैं, जबकि सबकुछ आपके भीतर है। देवता हों या राक्षस—सभी आपके अंदर हैं। तर्क, शिक्षा और संस्कृति के जरिए जानिए कि यह सब अंदर है। अब समय है कि अंधविश्वास और बाहरी पूजा से आगे बढ़ा जाए। अगर आप वास्तव में योगी और आध्यात्मिक बनना चाहते हैं, तो भीतर की ओर देखिए।"

[और मेरा उत्तर है:] आपके विचार भी पूरी तरह भौतिक हैं। क्या सिंहासन पर बैठा भगवान कोई आध्यात्मिक विचार है? नहीं—वह भी भौतिक है। आप उस इंसान की आलोचना करते हैं जो मूर्ति की पूजा करता है, लेकिन खुद क्या करते हैं? आप भी किसी मूर्त, समझ से बाहर चीज़ की उपासना करते हैं, जिसे न देख सकते हैं, न जान सकते हैं।

आप बस शब्दों की पूजा करते हैं: "भगवान आत्मा है!" लेकिन यह पूजा आत्मा और विश्वास से होनी चाहिए। आत्मा कहाँ रहती है? क्या वह किसी पेड़ या बादल में है? जब आप कहते हैं "भगवान हमारे होने में है," तो इसका मतलब क्या है?

इसका मतलब है: आप ही आत्मा हैं। यही सबसे मूल विश्वास है जिसे आपको कभी नहीं छोड़ना चाहिए। मैं एक आत्मा हूँ। मैं एक आध्यात्मिक प्राणी हूँ। योग, ध्यान, ये सब उसी सत्य को खोजने के साधन हैं—जो पहले से आपके भीतर है।

*

मैं यह सब इसलिए कह रहा हूँ क्योंकि जब तक आप यह तय नहीं करते कि ईश्वर या आत्मा कहाँ है, तब तक आप सही ढंग से नहीं सोच सकते। आप स्वर्ग या दुनिया के किसी कोने में खोज सकते हैं,

लेकिन जब तक आप सही जगह तय नहीं करते, तब तक कुछ हासिल नहीं होता। सही जगह यही है: मैं आत्मा हूँ, और सभी आत्माओं की आत्मा मेरे भीतर ही होनी चाहिए। जो लोग इसे बाहर खोजते हैं, वे भ्रमित हैं। हमें इसे अपने अंदर ही खोजना है—यही सच्चा स्वर्ग है।

कुछ ऋषियों ने यह बात समझ ली और अपनी दृष्टि भीतर मोड़ ली। वहाँ उन्होंने सभी आत्माओं की आत्मा को अपनी आत्मा में ही पाया। यही ध्यान का असली मकसद है—ईश्वर और आत्मा को जानकर मोक्ष प्राप्त करना।

आज सभी लोग जीवन के पीछे दौड़ रहे हैं, लेकिन हम समझते हैं कि जीवन से परे भी कुछ है। यह जीवन तो सीमित और भौतिक है। सवाल यह नहीं है कि मुझे कैसे जीना है, बल्कि यह कि क्या मुझे जीना भी है? क्योंकि जीवन का अर्थ ही बंधन है—हर ओर उलझन और निर्भरता। हम किसी न किसी चीज़ से बंधे रहते हैं।

कोई किसी को सिखा नहीं सकता। सिखना अनुभव से होता है। एक युवा को आप यह नहीं समझा सकते कि जीवन कठिन है, जैसे एक बुज़ुर्ग को यह नहीं समझा सकते कि जीवन सरल है। अनुभव ही सिखाता है।

ध्यान की शक्ति से ही हम इन उलझनों पर धीरे-धीरे नियंत्रण पा सकते हैं। जब हम दर्शन से देखते हैं, तो समझते हैं कि आत्मा, मन, पदार्थ—ये सब अलग-अलग नहीं हैं। वास्तव में सब एक ही है। ज्ञान का मतलब है एकता देखना। अज्ञान अलगाव देखता है। सच्चा विज्ञान है अनेक में एक को देखना।

सारी सृष्टि एक ही मूल से निकली है। जो विभिन्न रूप हमें दिखाई देते हैं—ठोस, तरल, गैस, रोशनी, और आकाश—ये सब उसी एक अस्तित्व की भिन्न-भिन्न अवस्थाएँ हैं। फिर आता है मन और फिर आत्मा। यह नहीं कि आत्मा कुछ और है और मन या आकाश कुछ और—सब एक ही अस्तित्व के विभिन्न रूप हैं।

पिछे लौटने का अर्थ है: जैसे ठोस पदार्थ पहले तरल और फिर गैस बना, वैसे ही वह फिर तरल और फिर ईथर बनकर मूल में लौटेगा। यही स्थूल ब्रह्मांड की प्रकृति है। यही सार्वभौमिक सत्य है: बाहरी दुनिया और आत्मा—सब एक ही ऊर्जा की अभिव्यक्ति हैं।

यहाँ भी मन के साथ वही प्रक्रिया होती है। सूक्ष्म जगत में मैं वही सब कुछ हूँ—आत्मा, मन, आकाश, ठोस, तरल, गैस। मेरी इच्छा यही है कि मैं अपनी आध्यात्मिक अवस्था में लौट जाऊँ। हर व्यक्ति को अपने छोटे-से जीवन में पूरा ब्रह्मांडीय अनुभव करना होता है। तभी यह जीवन मुक्तिदायक हो सकता है। इसी सीमित जीवनकाल में मनुष्य को पूर्ण जीवन जीने की क्षमता प्राप्त हो सकती है।

हम सब प्रयासरत हैं। हो सकता है हम परम तत्व तक न पहुंचें, लेकिन हम कहीं तो ज़रूर पहुँचेंगे—और वह स्थान हमारी वर्तमान स्थिति से बेहतर ही होगा।

ध्यान में इसका अभ्यास होता है—हर चीज़ को परम आत्मा में विलीन करने का अभ्यास। जैसे ठोस पिघलकर तरल होता है, तरल गैस बनता है, गैस आकाश में बदलती है, फिर मन आता है—और फिर अंततः मन भी पिघलकर आत्मा में विलीन हो जाता है। सब कुछ आत्मा ही है।

कुछ योगियों का दावा है कि शरीर भी इसी प्रकार तरल, गैस आदि बन सकता है। वे कहते हैं कि आप इसे छोटा कर सकते हैं, या गैस बनाकर दीवारों के पार भेज सकते हैं। मुझे स्वयं ऐसा करते किसी को नहीं देखा, लेकिन यह बातें ग्रंथों में लिखी हैं। और हमें इन ग्रंथों पर संदेह करने की कोई ठोस वजह नहीं है। संभव है कि कुछ योगी इस जीवन में ही ऐसा कर सकें। यह पिछले प्रयासों के फलस्वरूप अचानक एक प्रकाश की तरह आता है।

शायद कुछ पुराने योगियों को अपना कार्य पूरा करने के लिए केवल थोड़ा-सा प्रयास बाकी हो। इसलिए अभ्यास करो! ध्यान कल्पना

के ज़रिए आता है। यह एक प्रक्रिया है जिसमें हम तत्वों की शुद्धि से गुजरते हैं—एक तत्व को दूसरे में विलीन करते हुए, अंततः मन से आत्मा में पहुँचते हैं। और जब आप वहाँ पहुँचते हैं—तब केवल आप आत्मा ही होते हैं।

आत्मा हमेशा स्वतंत्र, सर्वशक्तिमान और सर्वज्ञ होती है—लेकिन ईश्वर के अधीन। कई ईश्वर नहीं हो सकते। ये मुक्त आत्माएँ अत्यंत शक्तिशाली होती हैं, लगभग सर्वशक्तिमान, लेकिन कोई भी ईश्वर के बराबर शक्तिशाली नहीं हो सकता। क्योंकि अगर एक आत्मा कहे, "मैं इस ग्रह को इस तरह चलाऊँगा," और दूसरी कहे, "मैं उसे उस तरह," तो संसार में भ्रम पैदा हो जाएगा।

इसलिए यह भ्रम न रखें! जब मैं अंग्रेजी में कहता हूँ, "मैं ईश्वर हूँ!" तो वह इसलिए क्योंकि इससे बेहतर कोई शब्द नहीं है। संस्कृत में ईश्वर का अर्थ है: पूर्ण सत्ता, ज्ञान और चेतना—एक अनंत, स्वयं प्रकाशित, अवैयक्तिक सत्ता। यह कोई व्यक्ति नहीं है।

मैं कभी राम (व्यक्तिगत ईश्वर) नहीं हूँ, लेकिन मैं ब्रह्म के साथ एक हूँ—जो अवैयक्तिक और सर्वव्यापी है।

कल्पना करें कि एक ढेर मिट्टी है। मैंने उससे एक चूहा बनाया और आपने एक हाथी। दोनों मिट्टी से बने हैं। अगर उन्हें पिघलाया जाए, तो वे एक ही मिट्टी हो जाते हैं। यही अर्थ है "मैं और मेरा पिता एक हैं।" लेकिन जब तक वे अपने-अपने रूपों में हैं, चूहा हाथी के बराबर नहीं हो सकता।

मैं कहीं एक बिंदु पर रुक जाता हूँ—मुझे थोड़ा ज्ञान मिला है। तुम उससे आगे हो, और किसी और बिंदु पर हो। लेकिन एक आत्मा है जो सबसे महान है—योग का ईश्वर, सृष्टिकर्ता के रूप में। वह व्यक्तित्व वाला है, सर्वशक्तिमान है, और हर दिल में निवास करता है। उसे किसी शरीर की आवश्यकता नहीं होती।

जो कुछ भी ध्यान और अभ्यास से पाया जा सकता है, वह योगियों

के ईश्वर पर ध्यान करके भी प्राप्त किया जा सकता है।

*

हजारों दिव्य प्राणी हमारे चारों ओर मौजूद हैं, लेकिन हम उन्हें नहीं देख पाते क्योंकि हमारी दुनिया हमारी इंद्रियों के अनुसार सीमित होती है। हम जो कुछ भी देखते हैं, वह हमारी मानसिक स्थिति से प्रभावित होता है।

उदाहरण के लिए, एक ही पेड़ का ठूंठ अलग-अलग लोगों को अलग-अलग रूपों में दिखता है—एक चोर को वह पुलिसवाले जैसा लगता है, एक बच्चे को भूत जैसा, और प्रेमी को वह उसकी प्रेमिका जैसा दिखता है। लेकिन पेड़ तो वही रहता है। यह वास्तविकता है—वह ईश्वर है—लेकिन हमारी मूर्खता उसे विकृत रूपों में देखने लगती है: कभी मनुष्य की तरह, कभी किसी दुःख में डूबे हुए प्राणी की तरह।

जो लोग एक जैसी मानसिकता के होते हैं, वे एक जैसी दुनिया में रहते हैं, भले ही वह भौतिक रूप से एक ही जगह हो। इसी तरह, स्वर्ग और नरक भी यहीं हैं—हमारे भीतर।

कल्पना करें कि चेतना के स्तर अलग-अलग वृत्तों की तरह हैं, जो कुछ बिंदुओं पर एक-दूसरे को काटते हैं। यदि मन उन बिंदुओं तक पहुँच जाए, तो आप कई स्तरों को एक साथ देख और समझ सकते हैं। ध्यान में कभी-कभी हम इन अन्य स्तरों को छू लेते हैं, जहाँ अन्य आत्माएँ और देवता प्रकट हो सकते हैं। यह सब इंद्रियों की परिष्कृति के कारण संभव होता है।

जब आप नियमित ध्यान करते हैं, तो आप अपनी इंद्रियों को अधिक संवेदनशील महसूस करते हैं—जैसे बेहतर सुनाई देना या शरीर में सूक्ष्म दर्द महसूस होना। यही कारण है कि भारतीय देवताओं को तीसरी आँख के साथ दर्शाया गया है—यह वही मानसिक दृष्टि है जो आध्यात्मिक जगत को देखने की शक्ति देती है।

जैसे-जैसे कुंडलिनी ऊर्जा रीढ़ के विभिन्न केंद्रों से ऊपर की ओर बढ़ती है, वह हमारी इंद्रियों को रूपांतरित करती है, और हम इस संसार को एक अलग दृष्टिकोण से देखना शुरू करते हैं—यही स्वर्ग है। लेकिन जब यह ऊर्जा वापस नीचे के केंद्रों में जाती है, हम फिर से साधारण मनुष्य बन जाते हैं।

जब तक यह कुंडलिनी मस्तिष्क तक नहीं पहुँचती, तब तक पूर्ण चेतना संभव नहीं होती। एक बार जब वह वहाँ पहुँच जाती है, तो व्यक्ति सब कुछ खो देता है—दृष्टि, भेद—और केवल एक अस्तित्व को देखता है। वही ब्रह्म है, वही भगवान है। उससे ही स्वर्ग और संसार बने हैं। उसके सिवा कुछ भी नहीं है।

ध्यान का अभ्यास

योग मूल रूप से धर्म के ध्यान पर आधारित पक्ष से जुड़ा है, न कि नैतिकता से, हालांकि ज़रूरत पड़ने पर नैतिक पक्ष पर भी ध्यान देना होगा। लोग केवल रहस्योद्घाटन नहीं चाहते—वे अपने भीतर चेतना में तथ्य अनुभव करना चाहते हैं। धर्म में सच्चाई केवल अनुभव से आ सकती है। आध्यात्मिक सत्य सामान्य मन की स्थिति से नहीं, बल्कि अतिचेतन अवस्था में ही समझे जा सकते हैं। हमें स्वयं को उन्हीं स्थितियों में लाना होगा, जिनमें वे लोग थे जिन्होंने ऐसे अनुभव किए; और अगर हम वैसा ही अनुभव करें, तो वह हमारे लिए भी सत्य बन जाएगा। जो एक बार हुआ है, वह दोबारा भी हो सकता है—उसी परिस्थिति में फिर अवश्य होगा।

राजयोग हमें यह सिखाता है कि उस अतिचेतन अवस्था तक कैसे पहुँचा जाए। सभी महान धर्म किसी न किसी रूप में इस अवस्था को स्वीकार करते हैं, लेकिन भारत में इस पक्ष को विशेष महत्व दिया गया है। शुरुआत में कुछ शारीरिक अभ्यास—जैसे निश्चित मुद्राएँ और साँस लेने की विधियाँ—मन को केंद्रित करने में मदद कर सकते हैं, लेकिन अकेले ये पर्याप्त नहीं हैं। इनके साथ शुद्धता और ईश्वर के दर्शन की तीव्र इच्छा भी होनी चाहिए।

एक विचार पर ध्यान टिकाने की कोशिश करने पर अधिकांश लोगों को यह अहसास होगा कि वे बिना मदद के मन को स्थिर नहीं कर सकते। मन पर नियंत्रण धीरे-धीरे और संगठित प्रयास से ही संभव है। इच्छाशक्ति को भी नियमित और दृढ़ अभ्यास से मजबूत करना पड़ता है।

यह कोई खेल नहीं है, न ही कोई अस्थायी प्रयोग। यह जीवन भर की साधना है, और जो लक्ष्य इसके अंत में है—ईश्वर से पूर्ण एकता—that लक्ष्य इतनी बड़ी बात है कि उसे पाने के लिए कोई भी मेहनत

बहुत ज़्यादा नहीं हो सकती। इस भरोसे के साथ कि सफलता निश्चित है, कोई भी क़ीमत चुकाना बड़ा नहीं लगेगा।

*

मैं जो भी तर्क दूँ, वह तब तक आपके लिए प्रमाण नहीं बन सकता जब तक आप स्वयं इसका अनुभव न कर लें। जैसे ही आप इन ऊर्जा धाराओं को अपने आसपास महसूस करेंगे, आपके सारे संदेह मिट जाएँगे। लेकिन इसके लिए रोज़ाना कठिन अभ्यास करना ज़रूरी है।

आपको हर दिन कम से कम दो बार अभ्यास करना चाहिए—सुबह और शाम सबसे अनुकूल समय हैं। दिन और रात के संधिकाल में वातावरण में एक स्वाभाविक शांति होती है। यही समय आपके शरीर में भी शांति की प्रवृत्ति लाता है। हमें इसका लाभ उठाना चाहिए और अभ्यास करना शुरू करना चाहिए।

एक नियम बना लें कि अभ्यास किए बिना कुछ न खाएँ। अगर आप ऐसा करते हैं, तो भूख खुद आपको अभ्यास करने को मजबूर कर देगी। भारत में बच्चों को यही सिखाया जाता है—जब तक वे स्नान कर अभ्यास न कर लें, तब तक कुछ न खाएँ। धीरे-धीरे यह आदत बन जाती है और वे अभ्यास के बाद ही भूख महसूस करते हैं।

ध्यान के लिए सीधे बैठिए और सबसे पहले अपने विचारों को पवित्र कीजिए। मन में दोहराइए, “सभी प्राणी सुखी हों, सभी शांत हों, सभी आनंदित हों।” इसे चारों दिशाओं में फैलाइए—पूर्व, पश्चिम, उत्तर, दक्षिण। जितना ज़्यादा आप ऐसा करेंगे, उतना ही अच्छा महसूस करेंगे। आप जानेंगे कि दूसरों को स्वस्थ देखना खुद को स्वस्थ बनाने का सबसे आसान तरीका है, और दूसरों को खुश देखना खुद को खुश रखने का सबसे सरल उपाय है।

इसके बाद, जो लोग ईश्वर में विश्वास करते हैं, उन्हें प्रार्थना करनी चाहिए—न धन के लिए, न स्वास्थ्य या स्वर्ग के लिए—बल्कि ज्ञान

और प्रकाश के लिए। बाकी सभी प्रार्थनाएँ स्वार्थ से जुड़ी होती हैं।

फिर अपने शरीर पर ध्यान केंद्रित कीजिए और इसे स्वस्थ और मजबूत मानिए। इसे ऐसा साधन मानिए जिससे आप इस संसार के बंधनों को पार कर सकते हैं। याद रखिए, स्वतंत्रता कभी भी दुर्बलों को नहीं मिलती। सभी दुर्बलता को त्याग दीजिए। अपने शरीर से कहिए कि वह मजबूत है, अपने मन से कहिए कि वह दृढ़ है, और खुद पर असीम विश्वास रखिए।

*

योगियों की व्यावहारिक शिक्षा का अधिकांश भाग मन, एकाग्रता और ध्यान की शक्ति पर आधारित है। हम इतने भौतिकवादी हो गए हैं कि जब भी अपने बारे में सोचते हैं, तो केवल शरीर को ही पहचानते हैं। शरीर ही हमारा आदर्श बन गया है, और हम उसके अलावा कुछ और नहीं देखते। इसलिए थोड़ा शारीरिक सहयोग आवश्यक हो जाता है।

सबसे पहले, ऐसी मुद्रा में बैठिए जिसमें आप लंबे समय तक बिना हिले-डुले स्थिर रह सकें। शरीर की सभी तंत्रिकाएँ रीढ़ की हड्डी के पास से होकर जाती हैं। लेकिन रीढ़ की हड्डी शरीर का भार उठाने के लिए नहीं बनी है।

इसलिए आपकी बैठने की मुद्रा ऐसी होनी चाहिए कि शरीर का कोई भी भार रीढ़ पर न पड़े। रीढ़ को हर प्रकार के दबाव से मुक्त रखना ज़रूरी है।

*

कुछ अन्य प्रारंभिक बातें भी हैं, जैसे भोजन और व्यायाम। भोजन सादा होना चाहिए और दिन में एक या दो बार नहीं, बल्कि कई बार थोड़ा-थोड़ा करके लेना चाहिए। कभी बहुत भूखा न रहें। "जो बहुत

खाता है, वह योगी नहीं हो सकता। जो बहुत उपवास करता है, वह योगी नहीं हो सकता। जो बहुत सोता है या बहुत जागता है, वह भी योगी नहीं हो सकता।" (गीता 6.16) जो न काम करता है, न आराम करता है, वह सफल नहीं हो सकता। सफलता के लिए उचित भोजन, उचित व्यायाम, पर्याप्त नींद और संतुलित जागरण जरूरी हैं।

कैसा और कितना भोजन उचित है, यह हर व्यक्ति को स्वयं तय करना चाहिए; कोई और तय नहीं कर सकता। एक सामान्य नियम के रूप में, उत्तेजक चीज़ों से बचना चाहिए। हमें यह भी सीखना होगा कि अपने काम के अनुसार भोजन को कैसे समायोजित करें, क्योंकि हमारी सारी ऊर्जा भोजन से ही बनती है। हमें जितनी और जैसी ऊर्जा चाहिए, भोजन भी उसी तरह होना चाहिए।

हर किसी को हिंसक व्यायाम करने की ज़रूरत नहीं होती। अगर आपकी इच्छा केवल बड़ी मांसपेशियों की है, तो योग आपके लिए नहीं है। पहले अपने शरीर को बेहतर बनाना ज़रूरी है।

हिंसक व्यायाम नुकसानदेह हो सकते हैं। ऐसे लोगों के साथ रहो जो ज़्यादा व्यायाम नहीं करते। अगर आप ऐसे व्यायाम नहीं करते, तो आप लंबा जीवन जी सकते हैं। अपनी मांसपेशियों के दीये को जल्दी मत जलाओ। उसे धीरे और शांत जलने दो। हर चिंता और हर मानसिक या शारीरिक उथल-पुथल का मतलब है कि आप वह दीया जला रहे हैं।

उचित आहार का अर्थ है अधिक मसालेदार या भारी भोजन से बचना। योगी कहते हैं कि प्रकृति के तत्वों के अनुसार तीन प्रकार के मन होते हैं: एक जो सुस्त होता है और आत्मा की चमक को ढँक देता है; दूसरा जो सक्रियता लाता है; और तीसरा जो मन को शांति और संतुलन में रखता है।

कुछ लोग ऐसे होते हैं जो जन्म से ही अधिक सोने की प्रवृत्ति लेकर आते हैं। उन्हें ऐसा खाना पसंद आता है जो सड़ा हुआ हो, जैसे कि ऐसा पनीर जो टेबल से उछलकर गिर जाए। यह उनकी स्वाभाविक

प्रवृत्ति होती है। फिर होते हैं सक्रिय स्वभाव के लोग। उन्हें तीखा खाना, तेज़ मसाले, और मजबूत शराब पसंद होती है। सात्विक लोग बहुत शांत, विचारशील और धैर्यवान होते हैं। वे कम खाते हैं और कभी भी खराब या अशुद्ध भोजन नहीं करते।

*

"वह योगी मेरा प्रिय है जो किसी से द्वेष नहीं करता, सबका मित्र होता है, सभी पर दया करता है, किसी को अपना नहीं मानता, अहंकार रहित होता है, सुख-दुख में समभाव रखता है, सहनशील होता है, सदा संतुष्ट रहता है, सदा योग में लगा रहता है, आत्म-नियंत्रित होता है, जिसकी इच्छा अडिग है, और जिसका मन और बुद्धि मुझमें लगे रहते हैं।

वह भी मेरा प्रिय है जिससे कोई बाधा महसूस नहीं करता, जिसे कोई विचलित नहीं कर सकता, जो हर्ष, क्रोध, भय और चिंता से मुक्त रहता है।

जो किसी वस्तु पर निर्भर नहीं है, शुद्ध और सक्रिय है, जो न अच्छाई की चिंता करता है, न बुराई की, कभी दुखी नहीं होता, जिसने खुद के लिए कोई अपेक्षा नहीं रखी, जो स्तुति और निंदा में समान रहता है, शांत चित्त है, थोड़ा भी मिलने पर संतुष्ट रहता है, जिसे घर की कोई जरूरत नहीं—क्योंकि पूरा संसार ही उसका घर है—और जिसका मन स्थिर है, वह मेरा प्रिय भक्त है।"

इसी प्रकार व्यक्ति योगी बनता है।

*

हर दिन अकेले ध्यान करो—तभी सब स्पष्ट होगा। अभी अंदर दिव्य माँ, जो प्रकाश का रूप है, सो रही है, इसलिए तुम इसे समझ नहीं

पाते। यही कुंडलिनी है।

जब तुम ध्यान से पहले "नाड़ियों की शुद्धि" के अभ्यास करते हो, तो तुम्हें मानसिक रूप से मूलाधार (त्रिक स्थान) में कुंडलिनी पर ज़ोर देना चाहिए और कहना चाहिए, "उठो माँ, उठो!" यह अभ्यास धीरे-धीरे करना चाहिए।

ध्यान करते समय भावनाओं को पूरी तरह दबा देना ज़रूरी है, क्योंकि यही सबसे बड़ा खतरा होता है। जो लोग बहुत भावुक होते हैं, उनकी कुंडलिनी तेज़ी से ऊपर उठती है, लेकिन उतनी ही तेज़ी से नीचे भी गिरती है। और जब यह नीचे आती है, तो साधक को बर्बाद कर देती है।

इसीलिए कीर्तन या भावनात्मक ऊर्जा पर आधारित अभ्यासों में एक गंभीर कमी होती है। यह सच है कि इनसे शक्ति क्षणिक रूप से ऊपर उठती है, लेकिन यह टिकती नहीं। जब वापस आती है, तो भीतर हिंसक इच्छाओं को जगा देती है।

जब मैं अमेरिका में व्याख्यान देता था, तो कई लोग उस समय आनंद की स्थिति में चले जाते थे, कुछ तो मूर्तियों जैसे हो जाते थे। लेकिन बाद में पता चला कि कई लोगों में तुरंत बाद कामुक प्रवृत्तियाँ बढ़ गई थीं।

ऐसा सिर्फ इसलिए होता है क्योंकि ध्यान और एकाग्रता का नियमित अभ्यास नहीं किया गया होता।

*

तुम स्वयं अपने ध्यान का विषय बनो। सोचो और अनुभव करो कि तुम सर्वव्यापी आत्मा हो। यह समझो: "मैं न शरीर हूँ, न मन, न बुद्धि, न स्थूल शरीर, न सूक्ष्म शरीर।" इस तरह बार-बार अपने मन को इस विचार में डुबाओ कि यही तुम्हारा सच्चा स्वरूप है। ऐसा करते हुए

मन को उसी सत्य में लीन करके शांत कर दो। तभी तुम बुद्धि के मूल को समझ सकोगे और अपने वास्तविक स्वरूप में स्थिर हो पाओगे।

जब ज्ञाता और ज्ञेय, ध्यान करने वाला और ध्यान का विषय एक हो जाएँगे, तब सभी भ्रम मिट जाएँगे। इसे शास्त्रों में त्रिगुणों से परे, या सापेक्ष ज्ञान से परे की स्थिति कहा गया है। उस अवस्था में कोई द्वैत या सीमित ज्ञान नहीं होता। जब आत्मा ही ज्ञाता है, तो उसे किसी और चीज़ से कैसे जाना जा सकता है? आत्मा ही ज्ञान है, वही बुद्धि है, वही सच्चिदानंद है।

माया की अज्ञेय शक्ति के कारण, जिसे न पूरी तरह से होना कहा जा सकता है और न ही न होना, चेतना में द्वैत आ गया है। यही चेतना ब्रह्म है। इसे सामान्यतः जागरूक अवस्था कहा जाता है।

लेकिन जब यह द्वैत समाप्त होकर शुद्ध ब्रह्म में मिल जाता है, तब उसे अतिचेतन अवस्था कहा जाता है। शास्त्र इसे इस तरह वर्णित करते हैं: "यह एक ऐसा महासागर है जो पूरी तरह शांत है, जिसका कोई नाम नहीं है।" (विवेकचूड़ामणि, 410)

*

दया और निस्वार्थ दान को जीवन में उतारने का एक और तरीका यह है: अगर हम सगुण ईश्वर में विश्वास रखते हैं, तो अपने कर्म को पूजा के रूप में मानें। इसका मतलब है कि हम अपने सभी कर्मों के फल भगवान को अर्पित करें। जब हम इस भावना से कर्म करते हैं, तो हमें अपने कार्यों के बदले में समाज से कुछ पाने की इच्छा नहीं रहती।

भगवान खुद भी लगातार कर्म करते हैं, लेकिन उन कार्यों से कभी भी जुड़े नहीं रहते। जैसे कमल का पत्ता पानी में रहकर भी गीला नहीं होता, वैसे ही सच्चा निस्वार्थ व्यक्ति भी कर्म से नहीं बंधता।

ऐसा व्यक्ति, भले ही भीड़-भाड़ वाले या पाप से भरे शहर में रह रहा

हो, फिर भी पाप उसे छू नहीं सकता—क्योंकि वह अनासक्त और निस्वार्थ है।

*

पूर्ण आत्म-बलिदान के विचार को एक कहानी से समझाया गया है: कुरुक्षेत्र युद्ध के बाद पांडवों ने एक भव्य यज्ञ किया और गरीबों को भारी दान दिया। लोग इस यज्ञ की भव्यता और दान पर हैरान रह गए। सबने कहा कि ऐसा बलिदान पहले कभी नहीं हुआ।

लेकिन यज्ञ के बाद, एक नेवला आया, जिसका आधा शरीर सुनहरा था और बाकी भूरा। वह यज्ञ स्थल की ज़मीन पर लोटने लगा और बोला, "तुम सब झूठ बोल रहे हो; यह बलिदान नहीं था।"

लोग चौंक गए। उन्होंने कहा, "तुम ऐसा कैसे कह सकते हो? क्या तुमने नहीं देखा कि गरीबों को कितना दिया गया? यह तो सबसे महान बलिदान था!"

लेकिन नेवले ने कहा, "एक बार एक छोटे गाँव में एक गरीब ब्राह्मण अपने परिवार के साथ रहता था—पत्नी, बेटा और बहू। वे बहुत गरीब थे और शिक्षा व उपदेश से मिले छोटे दानों पर गुज़ारा करते थे। जब उस देश में तीन साल का अकाल पड़ा, तो वे और भी परेशान हो गए। कई दिन भूखे रहने के बाद, एक दिन ब्राह्मण थोड़ा जौ का आटा लाया। उसने उसे चार हिस्सों में बाँटा—हर एक के लिए एक भाग।

वे खाना ही चाहते थे कि दरवाज़े पर दस्तक हुई। ब्राह्मण ने दरवाज़ा खोला, वहाँ एक अतिथि खड़ा था। भारत में अतिथि को भगवान समान माना जाता है। ब्राह्मण ने उसे बुलाया और अपने हिस्से का भोजन उसे दे दिया। अतिथि ने खाकर कहा, 'मुझे मार ही डाला आपने, यह तो मेरी भूख और बढ़ा गया।'

पत्नी ने कहा, 'उसे मेरा हिस्सा दे दो।' पति ने मना किया, लेकिन पत्नी

ने कहा, 'वह भूखा है, और मेरा कर्तव्य है उसे देना।' उसने अपना हिस्सा अतिथि को दे दिया। अतिथि ने खाया, पर कहा, 'अभी भी भूखा हूँ।'

तब बेटे ने अपना हिस्सा दे दिया। फिर भी अतिथि संतुष्ट नहीं हुआ, तो बहू ने भी अपना हिस्सा दे दिया। तब जाकर अतिथि तृप्त हुआ और आशीर्वाद देकर चला गया।

उस रात वे चारों भूख से मर गए। थोड़ा आटा ज़मीन पर गिरा था। जब मैंने उस पर अपना शरीर घुमाया, तो मेरा आधा शरीर सोने का हो गया। तभी से मैं दुनिया घूम रहा हूँ, वैसा ही बलिदान ढूंढ़ रहा हूँ—पर नहीं मिला। इसलिए मैं कहता हूँ, यह कोई बलिदान नहीं है।"

*

हम सभी दुख से छुटकारा पाने के लिए दिन-रात संघर्ष कर रहे हैं। हम इसे काम से नहीं कर सकते। काम से और अधिक काम पैदा होगा। यह तभी संभव है जब कोई ऐसा हो जो खुद मुक्त हो और हमारी मदद करे। महान ऋषि कहते हैं, "सुनो, हे अमरत्व के बच्चों, इस ग्रह पर रहने वाले सभी लोगों और ऊपर स्वर्ग में रहने वाले सभी लोगों, मैंने रहस्य पा लिया है।" "मैंने उसे पा लिया है जो सभी अंधकार से परे है। केवल उसकी दया से हम इस जीवन के सागर को पार करते हैं।"

*

अपने दिल में एक जगह की कल्पना करो, और सोचो कि वहाँ बीच में एक ज्योति जल रही है। उस ज्योति को अपनी आत्मा मानो, और उसके अंदर एक और तेज प्रकाश है—वह तुम्हारी आत्मा की आत्मा है, वही ईश्वर है। उसी पर हृदय में ध्यान लगाओ।

पवित्रता, अहिंसा, सबसे बड़े शत्रु को भी क्षमा करना, सत्य, और

भगवान में विश्वास—ये सभी अलग-अलग गुण हैं। अगर तुम अभी इन सबमें पूर्ण नहीं हो तो घबराओ मत; अभ्यास करते रहो, ये अपने आप आ जाएँगे।

जिसने सभी आसक्ति, डर और क्रोध को छोड़ दिया है, जिसकी आत्मा पूरी तरह भगवान में लीन है, जिसने भगवान की शरण ली है और जिसका दिल शुद्ध हो गया है—वह जो भी इच्छा लेकर भगवान के पास जाता है, भगवान उसे पूरी करते हैं। इसलिए भगवान की पूजा ज्ञान, प्रेम या त्याग के मार्ग से करो।

धर्म एक अभ्यास के रूप में

हम बहुत सी किताबें और धर्मग्रंथ पढ़ते हैं। बचपन से ही हमें तरह-तरह के विचार मिलते हैं, जिन्हें हम समय-समय पर बदलते रहते हैं। हम सोचते हैं कि हमें सैद्धांतिक धर्म की समझ है। हम मानते हैं कि हम व्यावहारिक धर्म को भी समझते हैं। अब मैं व्यावहारिक धर्म को लेकर अपनी सोच आपके सामने रखना चाहता हूँ।

हम अक्सर व्यावहारिक धर्म के बारे में सुनते हैं, और जब उसका विश्लेषण करते हैं, तो पाते हैं कि इसे एक विचार में समेटा जा सकता है—अपने साथियों के लिए कुछ देना। क्या धर्म की सच्चाई बस यही है? हमारे देश में हम हर दिन "व्यावहारिक ईसाई धर्म" की बात सुनते हैं—कि किसी ने किसी और की मदद की। क्या धर्म का मतलब सिर्फ इतना ही है?

तो जीवन का असली लक्ष्य क्या है? क्या यह संसार ही सब कुछ है? क्या हम बस वही रहेंगे जो हैं, और कुछ नहीं? क्या इंसान एक मशीन है जो बिना रुके चलती रहती है? क्या उसके दुख ही उसका सारा सच हैं और उससे आगे कुछ नहीं चाहिए?

कई धर्मों में सबसे बड़ी आशा इस संसार को ही लेकर है। ज़्यादातर लोग उस समय की कल्पना करते हैं जब न कोई बीमारी होगी, न कोई गरीबी, न कोई दुख—हर जगह सुख होगा। अगर व्यावहारिक धर्म का यही मतलब है, तो वह बस इतना कहता है: "सड़कों को साफ करो! सब कुछ सुंदर बनाओ!" और लोग इससे खुश हो जाते हैं। लेकिन क्या सिर्फ आनंद ही जीवन का उद्देश्य है?

अगर ऐसा होता, तो इंसान बनना एक बड़ी भूल होती। भला कौन इंसान किसी कुत्ते या बिल्ली से ज़्यादा खाने का आनंद ले सकता है? चिड़ियाघर जाकर देखो—जानवर कितने उत्साह से हड्डियों पर मांस नोचते हैं। फिर इंसान क्यों बना? अगर इंद्रिय सुख ही सब कुछ है, तो

पशु-पक्षी बन जाना बेहतर था। क्या मनुष्य बनने के लिए किए गए मेरे सैकड़ों वर्षों के संघर्ष का यही नतीजा है?

*

इसलिए व्यावहारिक धर्म के सामान्य सिद्धांत पर ध्यान देना चाहिए—देखना चाहिए कि वह किस दिशा में ले जाता है। दान एक महान कार्य है, लेकिन जैसे ही आप कहते हैं कि वही सब कुछ है, आप खुद को भौतिकवाद की ओर धकेलने लगते हैं। यह धर्म नहीं है। यह नास्तिकता से ज़्यादा अच्छा नहीं है—शायद थोड़ा ही बेहतर।

ईसाइयों से पूछा जा सकता है: क्या आपने बाइबल में अपने साथी मनुष्यों के लिए काम करने, अस्पताल बनाने के अलावा कुछ और नहीं पाया? आज एक दुकानदार खड़ा है और सोच रहा है कि यीशु दुकान कैसे चलाते! लेकिन यीशु ने कभी सैलून, दुकान, या अख़बार नहीं चलाया। यह तरह का व्यावहारिक धर्म बुरा नहीं है—यह अच्छा है, लेकिन यह तो धर्म का प्राथमिक स्तर है, जैसे बच्चों का स्कूल। इससे आगे कहीं नहीं पहुँचा जा सकता।

अगर आप ईश्वर में विश्वास करते हैं, अगर आप ईसाई हैं और हर दिन प्रार्थना करते हैं, "आपकी इच्छा पूरी हो," तो सोचना होगा कि इसका वास्तव में क्या मतलब है! आप बार-बार कहते हैं "आपकी इच्छा पूरी हो," लेकिन असल में मतलब होता है "हे ईश्वर, मेरी इच्छा आपकी इच्छा बन जाए।" आप यह मानते हैं कि ईश्वर, जो अनंत है, अपने कार्यों में गलती कर सकता है, और अब आप और मैं उस गलती को सुधारने जा रहे हैं! जैसे ब्रह्मांड के निर्माता को कोई बढ़ई आकर सिखा रहा हो! उसने यह दुनिया एक गंदे गड्ढे जैसी बना दी है, और अब हम उसे सुंदर बनाएँगे!

तो फिर इस सबका लक्ष्य क्या है? क्या इंद्रियाँ ही लक्ष्य हैं? क्या सुख ही उद्देश्य है? क्या जीवन ही आत्मा का अंतिम उद्देश्य है? अगर हाँ, तो बेहतर है कि हम इसी पल मर जाएँ। इस जीवन को चाहना ही क्यों?

अगर मनुष्य का भाग्य यह है कि वह केवल एक पूर्ण मशीन बने, तो इसका मतलब होगा कि हम फिर से पेड़, पत्थर या जानवर बन जाएँगे। क्या आपने कभी गाय को झूठ बोलते सुना है? या पेड़ को चोरी करते देखा है? वे तो पूर्ण मशीन हैं। वे कोई गलती नहीं करते। वे उस दुनिया में रहते हैं जहाँ सब कुछ पहले ही तय हो चुका है।

*

फिर धर्म का सच्चा आदर्श क्या है, अगर वह केवल व्यावहारिक धर्म नहीं हो सकता? और यह निश्चित रूप से नहीं हो सकता। हम यहाँ क्यों हैं? हम यहाँ स्वतंत्रता और ज्ञान के लिए हैं। हमारा जीवन उद्देश्य है—स्वयं को जानकर मुक्त करना। यही हमारे अस्तित्व की पुकार है: हर दिशा में स्वतंत्रता की तलाश।

एक बीज धरती को चीरते हुए ऊपर उगता है और आसमान की ओर बढ़ता है—क्यों? सूर्य पृथ्वी को अपनी रोशनी क्यों देता है? तुम्हारा जीवन क्या है? यह सब एक ही बात कहते हैं: स्वतंत्रता की जिद। प्रकृति हमेशा हमें दबाने की कोशिश करती है, और आत्मा हर बार खुद को प्रकट करना चाहती है।

इसलिए आत्मा और प्रकृति के बीच निरंतर संघर्ष चलता है। इस संघर्ष में बहुत कुछ टूटेगा, दबेगा, बिगड़ेगा। यही तुम्हारी स्थिति है—युद्धभूमि की तरह जहाँ धूल उड़ रही है, और सब अस्त-व्यस्त है। प्रकृति कहती है, "मैं तुझ पर हावी हो जाऊँगी।" आत्मा कहती है, "मुझे जीतना है।"

प्रकृति कहती है, "रुक जा, मैं तुझे थोड़ा सुख देती हूँ।" आत्मा थोड़े समय के लिए बहकती है, लेकिन तुरंत फिर स्वतंत्रता के लिए पुकार उठती है। क्या तुमने हर इंसान के सीने में गूंजती इस शाश्वत पुकार को नहीं सुना है? हम गरीबी में ठगे जाते हैं, फिर अमीरी में ठगे जाते हैं। हम अज्ञानी होते हैं, फिर ज्ञान प्राप्त करते हैं और वहाँ भी धोखा खाते हैं। कोई भी सच्चे अर्थ में संतुष्ट नहीं होता।

यही दुख का कारण है, पर यही संकेत भी है कि हम कुछ बड़ा चाहते हैं। यह हमारी चेतना का प्रमाण है। तुम इस दुनिया से कभी संतुष्ट नहीं हो सकते। अगर कल पूरी दुनिया स्वर्ग बन जाए, तो भी हम कहेंगे: "इसे रखो, कुछ और दो।"

*

अनंत मानव आत्मा को केवल अनंत से ही संतोष मिल सकता है—इससे कम कुछ भी उसे शांत नहीं कर सकता। आत्मा की अनंत इच्छा केवल अनंत ज्ञान से ही पूरी हो सकती है।

दुनियाएँ आती-जाती रहेंगी, लेकिन आत्मा हमेशा बनी रहती है और फैलती रहती है। इन दुनियाओं को आत्मा में समा जाना चाहिए, जैसे बूँदें समुद्र में मिल जाती हैं। यही दुनिया आत्मा का लक्ष्य बननी चाहिए।

अगर हमारे पास थोड़ी भी समझ है, तो हम कभी संतुष्ट नहीं हो सकते—हालाँकि हर युग के कवियों ने हमें संतुष्टि का गीत सुनाया है, और लाखों पैगंबरों ने हमें समझाया है, "जो मिला है उसी में संतुष्ट रहो।" लेकिन अब तक कोई संतुष्ट नहीं हुआ।

हमने खुद को समझाया कि शांति में रहो, संतुष्ट रहो, लेकिन फिर भी नहीं रह पाए। यह इस ब्रह्मांड की योजना में ही है कि आत्मा को इस दुनिया से संतुष्ट नहीं होना है—न स्वर्ग में, न पृथ्वी पर, न किसी और जगह। मेरी आत्मा की तृष्णा के आगे तारे, ग्रह, ऊपर-नीचे सब कुछ—पूरी सृष्टि—बस एक थकान की तरह लगती है।

बस यही अर्थ है: जब तक यह भावना भीतर न हो, सब कुछ व्यर्थ है। जब तक हर इच्छा के पीछे यह समझ न हो कि उसका लक्ष्य क्या है, तब तक वह इच्छा भी गलत दिशा में है। प्रकृति का हर अणु बस एक बात के लिए पुकार रहा है—पूर्ण स्वतंत्रता के लिए।

*

फिर व्यावहारिक धर्म क्या है? वह अवस्था पाना—स्वतंत्रता। अगर यह संसार हमें उस लक्ष्य तक पहुँचने में मदद करता है, तो वह अच्छा है। लेकिन अगर यह पहले से ही मौजूद हज़ारों बंधनों पर एक और परत जोड़ता है, तो यह एक बुराई बन जाता है। संपत्ति, ज्ञान, सौंदर्य और बाकी सभी चीज़ें तभी तक उपयोगी हैं जब तक वे इस लक्ष्य की ओर ले जाती हैं। जब वे उस राह में बाधा डालने लगती हैं, वे खतरा बन जाती हैं।

इसलिए व्यावहारिक धर्म का मतलब है—इस संसार और परलोक की हर चीज़ का उपयोग केवल एक लक्ष्य के लिए करना: स्वतंत्रता। हर खुशी, हर सुख की बूँद, आत्मा और मन की संयुक्त कीमत चुकाकर हासिल की जाती है।

अब संसार की अच्छाई और बुराई को मिलाकर देखो—क्या वह बदली है? युगों से व्यावहारिक धर्म काम कर रहा है, लेकिन समस्याएँ वही की वही हैं, सिर्फ़ उनका रूप बदलता है। जैसे गठिया एक जगह से हटता है तो दूसरी जगह चला जाता है, वैसे ही यह संसार एक दुख से दूसरे दुख में बदलता है।

पहले लोग पैदल चलते थे या घोड़े खरीदते थे, अब रेलगाड़ी चलाते हैं—लेकिन अब उन्हें ज़्यादा काम और ज़्यादा कमाने की चिंता भी है। हर मशीन जो श्रम बचाती है, वह दूसरी तरफ ज़्यादा श्रम की माँग भी करती है।

यह ब्रह्मांड—या जो कुछ भी आप कहें—सीमित है, असीमित नहीं हो सकता। जो भी परम है, उसे प्रकृति बनने के लिए समय, स्थान और कारण से बँधना होगा। ऊर्जा सीमित है—एक जगह ज़्यादा खर्च होगी, तो दूसरी जगह से घटेगी। कुल योग हमेशा एक जैसा रहता है।

जहाँ लहर उठती है, वहाँ कहीं खोखलापन होता है। एक राष्ट्र अमीर होता है, तो दूसरा गरीब। अच्छाई और बुराई संतुलन बनाए रखते हैं।

जो ऊपर है, उसे लगता है सब अच्छा है। जो नीचे है, उसे सब बुरा लगता है। लेकिन जो तट पर खड़ा है, वह यह ईश्वरीय खेल देखता है—कुछ रोते हैं, कुछ हँसते हैं। यह चलता रहेगा। हम जानते हैं कि हम कुछ नहीं कर सकते।

*

हममें से कितने लोग सच में सिर्फ भलाई करने के लिए कुछ करते हैं? बहुत कम—उन्हें उंगलियों पर गिना जा सकता है। बाक़ी हम भी भलाई करते हैं, लेकिन इसलिए क्योंकि हमें ऐसा करना पड़ता है। हमारे पास कोई विकल्प नहीं होता। हम आगे बढ़ते हैं, ठोकर खाते हैं, इधर-उधर गिरते-पड़ते रहते हैं। हम क्या कर सकते हैं? दुनिया जैसी है, वैसी ही बनी रहेगी। धरती का रंग कभी नीला, कभी भूरा होता रहेगा। एक भाषा दूसरी भाषा में बदली जाएगी, एक बुराई दूसरी बुराई में। यही तो होता रहा है। किसी के लिए छह, किसी के लिए आधा दर्जन—असल में वही बात।

जंगल में रहने वाला एक अमेरिकी मूलनिवासी शायद आपके जैसे तत्वमीमांसा के भाषण में न बैठे, लेकिन वह खाना पचाने में माहिर है। आप उसे टुकड़ों में काट भी दें, तो वह जल्दी से ठीक हो जाता है। लेकिन आप और मैं? हमें बस एक खरोंच लग जाए, तो छह महीने अस्पताल में रहना पड़ता है।

*

जीव जितना निम्न स्तर पर होता है, उसे इंद्रियों से उतना ही अधिक सुख मिलता है। सबसे नीचे के जानवरों को लो—उनके लिए सब कुछ स्पर्श है। जब तुम मनुष्यों की ओर बढ़ते हो, तो देखते हो कि जहाँ सभ्यता कम होती है, वहाँ इंद्रियों की शक्ति ज़्यादा होती है। लेकिन जीव जितना ऊँचा होता है, इंद्रियों का सुख उतना ही कम होता है।

कुत्ता खा तो सकता है, मगर वह उस गहरे सुख को नहीं समझ सकता जो तत्वमीमांसा में सोचने से मिलता है। वह उस बौद्धिक आनंद से वंचित है जो तुम्हें बुद्धि से मिलता है। हाँ, इंद्रियों का सुख बड़ा है।

मगर बुद्धि का सुख उससे भी बड़ा है। सोचो जब तुम पेरिस में पचास-कोर्स वाले शानदार खाने का आनंद लेते हो—वह सच में सुख है। लेकिन कल्पना करो, जब कोई वेधशाला में बैठकर तारे देख रहा हो, ब्रह्मांड को विकसित होते हुए देख रहा हो—वह एक और ही स्तर का आनंद है!

वह ज़्यादा महान होना चाहिए, क्योंकि उस समय तुम खाने के बारे में भूल जाते हो। वह सुख ज़रूर इंद्रियों के सुख से बड़ा होता है। तुम पत्नी, बच्चे, पति—हर चीज़ को भूल जाते हो। इंद्रियों को भी भूल जाते हो।

यह बुद्धि का आनंद है। सामान्य ज्ञान से भी यह स्पष्ट है कि यह इंद्रिय-सुख से ऊँचा है। अधिक आनंद पाने के लिए हमेशा कम सुख को त्यागना पड़ता है। यही है व्यावहारिक धर्म—मुक्ति प्राप्त करना, और इसके लिए त्याग करना। त्याग करो!

*

निम्न को छोड़ो ताकि उच्च को पा सको। समाज किस पर टिका है? नैतिकता, नियम, आचार—यानि त्याग पर। दूसरों की चीज़ हथियाने, ज़ोर ज़बरदस्ती करने, झूठ बोलकर फ़ायदा उठाने का जो भी सुख है, वो सब छोड़ दो। क्या नैतिकता समाज की जड़ नहीं है?

विवाह क्या है, सिवाय इसके कि तुम व्यभिचार छोड़ते हो? असभ्य लोग विवाह नहीं करते। मनुष्य इसलिए विवाह करता है क्योंकि वह त्याग करता है। यही सिद्धांत बाकी सभी मामलों में लागू होता है। त्याग करो! त्याग करो! त्याग करो! त्याग करो! मगर खाली हाथ नहीं—कुछ खोकर कुछ बड़ा पाने के लिए।

लेकिन ऐसा कौन कर सकता है? तुम नहीं कर सकते, जब तक तुम्हें ऊँचा लक्ष्य न मिल जाए। तुम केवल बातें कर सकते हो, संघर्ष कर सकते हो, कोशिश कर सकते हो।

*

यही है व्यावहारिक धर्म। क्या बस सड़कें साफ़ करना और अस्पताल बनाना ही धर्म है? इनका महत्व सिर्फ तभी है जब ये त्याग से जुड़े हों। और त्याग की कोई सीमा नहीं होती। मुश्किल तब होती है जब लोग इसकी एक हद तय करना चाहते हैं—बस यहाँ तक, इससे आगे नहीं। लेकिन सच्चा त्याग कभी रुकता नहीं। जहाँ ईश्वर होता है, वहाँ दूसरा कुछ नहीं होता। और जहाँ संसार होता है, वहाँ ईश्वर नहीं होता। ये दोनों कभी साथ नहीं रह सकते, जैसे प्रकाश और अंधकार।

यही तो ईसाई धर्म, बौद्ध धर्म, हिंदू धर्म, इस्लाम और हर संत व गुरु की शिक्षा का सार है। त्याग किस संसार का करना है? यही संसार, जो हमारे भीतर है। यह शरीर—जिसके लिए हम दूसरों पर अधिकार जमाते हैं, दूसरों को चोट पहुँचाते हैं, बस इसलिए कि इसे थोड़ा सुख मिल जाए। यही है वह संसार जिसे त्यागना है।

*

महान लोग मर चुके हैं। कमज़ोर लोग भी मर चुके हैं। भगवान तक मर गए हैं। हर ओर मृत्यु ही मृत्यु है। यह पूरी दुनिया अतीत की एक अनंत कब्रगाह है—फिर भी हम इस शरीर से चिपके रहते हैं, जैसे कि "मैं कभी नहीं मरूंगा"। हम जानते हैं कि यह शरीर एक दिन मरेगा, फिर भी उससे चिपके रहते हैं। और इसमें भी कुछ अर्थ है—क्योंकि किसी रूप में हम मरते नहीं हैं। लेकिन गलती यह है कि हम शरीर से चिपके रहते हैं, जबकि अमर तो आत्मा है।

हम सभी वास्तव में भौतिकवादी हैं, क्योंकि हम खुद को शरीर मानते

हैं। अगर कोई मुझे मुक्का मारता है, तो मैं कहता हूँ, "मुझे मारा गया।" अगर कोई मुझे चोट पहुँचाता है, तो मैं कहता हूँ, "मुझे चोट लगी।" लेकिन अगर मैं शरीर नहीं हूँ, तो ऐसा क्यों कहता हूँ? अगर मैं आत्मा हूँ, तो मुझे कोई फ़र्क नहीं पड़ना चाहिए। लेकिन मैं जानता हूँ कि अभी मैं खुद को शरीर मानता हूँ—मैंने अपने को भौतिक चीज़ में बदल दिया है।

अब मुझे उस शरीर की पहचान से बाहर निकलना है और अपने असली स्वरूप में लौटना है। मैं आत्मा हूँ—एक ऐसी आत्मा जिसे कोई औजार भेद नहीं सकता, कोई तलवार काट नहीं सकती, कोई आग जला नहीं सकती, कोई हवा सुखा नहीं सकती। मैं अजन्मा हूँ, अनश्वर हूँ, मेरी न कोई शुरुआत है, न कोई अंत। मैं अमर, जन्मरहित और सर्वव्यापी हूँ। और दुख इसलिए आता है क्योंकि मैं सोचता हूँ कि मैं यह मिट्टी का शरीर हूँ। मैं खुद को पदार्थ से जोड़ता हूँ—और फिर उसी का दुख झेलता हूँ।

*

व्यावहारिक धर्म यह है कि तुम खुद को अपनी आत्मा के रूप में पहचानो। इस गलतफहमी को छोड़ दो कि तुम सिर्फ शरीर हो! तुमने चाहे दो हज़ार अस्पताल बनाए हों, पचास हज़ार सड़कें बनाई हों—अगर तुमने यह नहीं जाना कि तुम आत्मा हो, तो सब व्यर्थ है। तुम वैसे ही मरोगे जैसे एक कुत्ता मरता है—डर और पीड़ा के साथ, यह सोचकर कि बस यही अंत है।

मृत्यु हर जगह है—पानी में, हवा में, महलों में, जेलों में। तब तुम्हें कौन निडर बनाता है? वह ज्ञान कि तुम कौन हो—एक अनंत, अमर, जन्मरहित आत्मा।

उसे कोई आग जला नहीं सकती, कोई हथियार मार नहीं सकता, कोई ज़हर छू नहीं सकता। यह सिर्फ सिद्धांतों की बात नहीं है। यह किताबें पढ़ने या तोते की तरह दोहराने की बात नहीं है। मेरे गुरु कहा

करते थे: “तोते को ‘भगवान, भगवान’ सिखाना आसान है, लेकिन जैसे ही बिल्ली आती है, वह सब भूल जाता है।”

तुम चाहे जितनी पूजा करो, प्रार्थनाएँ करो, धर्मग्रंथ पढ़ो—जब तक आत्मा का अनुभव नहीं होता, तब तक मुक्ति नहीं है। न सिद्धांत, न तर्क, न भाषण—केवल आत्मसाक्षात्कार ही वास्तविक व्यावहारिक धर्म है।

*

आत्मा के सत्य को सबसे पहले सुनो। जब तुम सुन लो, तो उस पर सोचो। फिर उस पर ध्यान दो। अब व्यर्थ की बहसें मत करो! एक बार अगर तुम मान लो कि तुम अनंत आत्मा हो, तो यह मानना बकवास है कि तुम केवल शरीर हो। तुम आत्मा हो—और यह अनुभव किया जाना चाहिए। आत्मा को आत्मा के रूप में ही खुद को देखना चाहिए। अभी आत्मा खुद को शरीर के रूप में देख रही है—इसी को बदलना है।

जिस क्षण यह अनुभव शुरू होता है, मुक्ति वहीं से शुरू होती है। जैसे ही तुम इस काँच (भ्रम) को पहचानते हो, तुम समझते हो कि यह सिर्फ एक माया है। कुछ वैज्ञानिक कहते हैं कि यह सब सिर्फ प्रकाश और कंपन है। लेकिन आत्मा को देखना उससे कहीं अधिक वास्तविक है। यह ही एकमात्र सच्ची स्थिति है—सच्चा अनुभव, सच्चा दर्शन।

जो कुछ तुम बाहर देख रहे हो, वे सब सपने हैं। अब तुम यह जानते हो। न केवल पुराने आदर्शवादी बल्कि आधुनिक वैज्ञानिक भी कहते हैं कि यह सब कंपन है—थोड़ा अंतर पूरी दुनिया को अलग दिखा देता है।

*

तुम्हें ईश्वर का दर्शन करना चाहिए, आत्मा का अनुभव करना चाहिए—यही है व्यावहारिक धर्म। क्या मसीह ने यह नहीं कहा था: "धन्य हैं वे जो आत्मा में दीन हैं, क्योंकि स्वर्ग का राज्य उन्हीं का है"? क्या यह कोई मजाक था? तुम किस व्यावहारिक धर्म की बात कर रहे हो?

प्रभु हमारी सहायता करें! "धन्य हैं वे जो हृदय से शुद्ध हैं, क्योंकि वे ईश्वर को देखेंगे"—क्या इसका मतलब केवल सड़कें साफ करना और अस्पताल बनाना है? अच्छे काम तभी मायने रखते हैं जब वे शुद्ध मन से किए जाएँ।

किसी को बीस डॉलर सिर्फ इसलिए मत दो ताकि तुम्हारा नाम अखबारों में आए! अपनी किताबों में पढ़ा है न कि कोई आदमी सच में तुम्हारी मदद नहीं करेगा? गरीबों, दुखियों और कमजोरों में ही ईश्वर की पूजा करो। जब तुम लाभ की चिंता किए बिना ऐसा करते हो, तो आत्मा को वास्तविक लाभ मिलता है।

और ऐसे ही लोगों को वास्तव में स्वर्ग का राज्य मिलता है।

*

स्वर्ग का राज्य हमारे भीतर है—वह हमारी आत्मा में ही है। सभी आत्माओं की आत्मा वही है। उसे अपने भीतर देखो, यही है व्यावहारिक धर्म, यही है स्वतंत्रता।

आइए खुद से पूछें: हम कितने आगे बढ़े हैं? हम शरीर की पूजा में लगे हैं या सच में आत्मा को मानते हैं? हम खुद को कितना आत्मा समझते हैं? यही है निस्वार्थता। यही है मुक्ति। यही है असली पूजा।

अपने को पहचानो—बस यही करना है। खुद को उस रूप में जानो जैसे तुम वास्तव में हो: अनंत आत्मा। यही है व्यावहारिक धर्म। बाकी सब अव्यावहारिक है, क्योंकि बाकी सब मिट जाएगा—केवल आत्मा ही शाश्वत है।

अस्पताल ढह जाएंगे, रेलों के दानकर्ता मर जाएंगे, धरती बिखर जाएगी, सूरज बुझ जाएंगे—लेकिन आत्मा बनी रहेगी।

तो फिर क्या बेहतर है: नाशवान चीजों के पीछे भागना या उस एक की पूजा करना जो कभी नहीं मिटता?

क्या ज्यादा व्यावहारिक है: पूरी ज़िंदगी उन्हीं चीजों के पीछे भागना जिन्हें पाने से पहले मौत आ जाती है और फिर छोड़ना पड़ता है? जैसे वह शासक जिसने सब पर विजय पाई लेकिन मरते वक्त रोया, हीरा सीने पर रखकर। वह कुत्ते की तरह मर गया।

मनुष्य कहता है, "मैं जीता हूँ," पर असल में वह जीवन से नहीं, मृत्यु के डर से चिपका है। वह कहता है, "मैं आनंद लेता हूँ," लेकिन नहीं जानता कि प्रकृति ने उसे एक गुलाम बना रखा है।

*

प्रकृति हम सभी को लगातार पीसती है। जो भी सुख हमें मिलता है, वह वास्तव में प्रकृति का अपना काम पूरा करना है। अंत में, जब हम मरते हैं, तो हमारा शरीर मिट्टी में मिलकर अन्य पौधों को उगाता है। फिर भी हम यही सोचते रहते हैं कि हमें सुख मिल रहा है। यही चक्र बार-बार चलता है।

आत्मा को आत्मा के रूप में जानना ही सच्चा व्यावहारिक धर्म है। बाकी सब कुछ तब तक अच्छा है, जब तक वह हमें इस महान विचार की ओर ले जाए। यह बोध त्याग से, ध्यान से, इंद्रियों के पूर्ण त्याग से ही प्राप्त होता है—उन गांठों को खोलकर, उन जंजीरों को काटकर जो हमें पदार्थ से बांधे रखती हैं।

दिमाग

संपूर्ण प्रकृति की शक्ति, जो हमें हर जगह दिखती है, वही ईश्वर है—निरपेक्ष और अविभेदित। यह अविभेदित स्थिति ही पूर्ण और स्थायी है; बाकी सब उससे निम्न और अस्थायी हैं।

लेकिन अविभेदित मन को विभेदित क्यों लगता है? यह वैसा ही सवाल है जैसे बुराई और स्वतंत्र इच्छा की उत्पत्ति क्या है? ऐसा सवाल ही विरोधाभासी है, क्योंकि यह कारण और प्रभाव के नियमों को मान लेता है—जबकि अविभेदित स्थिति में कोई कारण-परिणाम नहीं होता। "क्यों" और "किस लिए" जैसे सवाल सिर्फ मन में होते हैं।

आत्मा इन कारणों से परे है—इसीलिए वह ही वास्तव में स्वतंत्र है। उसी का प्रकाश मन की हर गतिविधि में व्याप्त है। हर क्रिया में हम खुद को स्वतंत्र मानते हैं, लेकिन उसी क्रिया में हमारा बंधन भी प्रकट होता है।

सच्ची आत्मा तो स्वतंत्र है, लेकिन जब वह मन और शरीर के साथ जुड़ती है, तो उसकी स्वतंत्रता खो जाती है। इच्छा आत्मा की पहली अभिव्यक्ति है, और वही उसकी पहली सीमा भी बनती है। इच्छाशक्ति आत्मा और मन का मिश्रण है, और कोई भी मिश्रण स्थायी नहीं होता। इसलिए जब हम जीने की इच्छा करते हैं, तब मरना भी अनिवार्य हो जाता है।

"अमर जीवन" एक विरोधाभासी शब्द है—क्योंकि जीवन तो एक अस्थायी मिश्रण है, अमर नहीं हो सकता। सच्चा अस्तित्व सिर्फ वही है जो अविभाज्य और शाश्वत हो।

*

प्रकृति में जो कुछ भी अलग-अलग रूप में है, वही वास्तव में मौजूद है। यह पौधों, जानवरों और इंसानों का स्वभाव है। इंसान का जीवन एक तय नियमों के अनुसार चलता है—ठीक वैसे ही उसका मन भी। विचार अचानक नहीं आते; उनके पैदा होने, टिकने और खत्म होने का भी एक नियम होता है। यानी जैसे बाहरी घटनाएँ नियम से चलती हैं, वैसे ही अंदरूनी अनुभव—मन और जीवन—भी नियमों से बंधे हैं।

जब हम इंसान के मन और अस्तित्व को समझने की कोशिश करते हैं, तो साफ हो जाता है कि स्वतंत्र इच्छा या स्वतंत्र अस्तित्व जैसी कोई चीज़ नहीं हो सकती। हम जानते हैं कि पशु पूरी तरह से प्रकृति और नियमों के अनुसार चलते हैं। लगता है उनके पास कोई स्वतंत्र इच्छा नहीं होती। यही बात इंसानों पर भी लागू होती है—उनकी प्रकृति भी नियमों से बंधी होती है।

इंसान के मन को चलाने वाले इस नियम को कर्म का नियम कहते हैं। कभी किसी ने नहीं देखा कि कुछ शून्य से ही पैदा हो गया हो। अगर मन में कुछ उपजता है, तो वह किसी कारण से होता है। जब हम "स्वतंत्र इच्छा" की बात करते हैं, तो हम मान लेते हैं कि वह बिना किसी कारण के उत्पन्न होती है। लेकिन यह संभव नहीं है। हर इच्छा के पीछे कोई न कोई कारण होता है, और अगर कारण है, तो वह स्वतंत्र नहीं हो सकती—वह नियमों के अधीन है।

मैं आपसे बात कर रहा हूं, आप मुझे सुन रहे हैं—यह सब नियम से हो रहा है। मैं जो भी सोचता हूं, करता हूं, महसूस करता हूं—हर चीज़ का एक कारण होता है और इस वजह से वह स्वतंत्र नहीं होती। हमारे जीवन और विचारों का यह क्रमबद्ध होना ही कर्म का नियम है।

अगर यह सिद्धांत कभी पुराने समय में किसी पश्चिमी समाज में बताया जाता, तो भारी विवाद हो जाता, क्योंकि पश्चिमी सोच स्वतंत्र इच्छा को स्वीकार करना चाहती है। लेकिन भारत में, जब इसे सबसे पुराने दर्शनशास्त्रों ने बताया, तो इसे सहज ही स्वीकार कर लिया

गया। क्योंकि मन की स्वतंत्रता जैसा कुछ नहीं है—और हो भी नहीं सकता।

*

वेद ऐसे कई हिस्सों से भरे हैं जो सगुण ईश्वर यानी रूप और गुण वाले ईश्वर के अस्तित्व को प्रमाणित करते हैं। ऋषियों ने, जिन्होंने लंबे समय तक भक्ति करके ईश्वर का अनुभव किया, अज्ञात की ओर देखा और फिर साहसपूर्वक दुनिया के सामने अपनी बात रखी। केवल वही लोग उनकी आलोचना करते हैं जो उनके बताए मार्ग पर कभी नहीं चले और न ही उनकी शिक्षाओं को अपनाया। आज तक कोई भी ऐसा नहीं आया जो कह सके कि उसने ऋषियों की बातें पूरी तरह अपनाईं, फिर भी उसे कुछ अनुभव नहीं हुआ और वे गलत थे।

ऐसे कई लोग रहे हैं जो समय-समय पर कठिन परीक्षा से गुज़रे, फिर भी उन्हें यह विश्वास रहा कि ईश्वर ने उनका साथ नहीं छोड़ा। सच तो यह है कि अगर ईश्वर में विश्वास से सांत्वना न मिले, तो जीवन को समाप्त कर देना ही बेहतर लगेगा।

एक धर्मनिष्ठ मिशनरी एक बार व्यापार के लिए बाहर गया था। उसी बीच उसके तीन बेटे हैजे से मर गए। उसकी पत्नी ने तीनों शवों को चादर से ढक दिया और द्वार पर अपने पति के लौटने का इंतज़ार करती रही। जब वह आया, तो उसने उसे दरवाज़े पर ही रोका और पूछा, "अगर कोई व्यक्ति आपको कुछ सौंपे और आपकी अनुपस्थिति में वह वस्तु वापस ले ले, तो क्या आपको दुःख होगा?" पति ने जवाब दिया, "नहीं, बिल्कुल नहीं।" तब उसने उसे अंदर ले जाकर चादर हटाई और तीनों बेटों की लाशें दिखाईं। उसने यह सब शांत मन से सहा और बच्चों को दफना दिया।

ऐसी ही मानसिक शक्ति होती है उन लोगों में जो एक करुणामय ईश्वर में पूरी तरह विश्वास रखते हैं, जो इस सृष्टि का संचालन करता है।

निरपेक्ष यानी रूप-रहित परम सत्ता के बारे में हम सोच भी नहीं सकते, क्योंकि जब तक कोई चीज़ सीमित न हो, तब तक उसका कोई स्पष्ट बोध संभव नहीं होता। इसलिए अनंत ईश्वर की केवल एक सीमित रूप में ही कल्पना की जा सकती है और उसी रूप में उसकी पूजा भी होती है।

*

सबसे बड़ी शक्ति हमेशा सूक्ष्म में होती है, न कि स्थूल में। जब हम किसी व्यक्ति को भारी वजन उठाते देखते हैं, तो हमें उसकी बड़ी मांसपेशियाँ, मेहनत और शारीरिक ताकत दिखाई देती है, जिससे लगता है कि मांसपेशियाँ ही ताकत का स्रोत हैं। लेकिन असल में वह ताकत आती है पतली तंतु जैसी चीज़ों—तंत्रिकाओं—से। यदि इनमें से कोई एक तंत्रिका मांसपेशियों से कट जाए, तो मांसपेशियाँ काम करना बंद कर देती हैं।

ये तंत्रिकाएँ भी किसी और अधिक सूक्ष्म स्रोत से शक्ति लेती हैं—जैसे विचार। इस तरह, असली शक्ति सूक्ष्म स्तर पर है। हम स्थूल गतिविधियाँ देख सकते हैं, लेकिन सूक्ष्म गतिविधियाँ हमारी आँखों से नहीं दिखतीं। जब कोई भारी चीज़ हिलती है, तो हम उसका असर महसूस करते हैं, इसलिए हम स्थूल की हरकतों को पहचान लेते हैं। लेकिन असली शक्ति उस सूक्ष्म में है जिसे हम नहीं देख पाते—क्योंकि वह इतनी तेज़ गति से होती है कि हमारी आँखें उसे पकड़ नहीं सकतीं।

अगर कोई वैज्ञानिक या मानसिक विधि हमें इस सूक्ष्म शक्ति को पहचानने और पकड़ने में मदद करे—यानी वह जो अभिव्यक्ति के पहले होती है—तो हम खुद अभिव्यक्ति पर नियंत्रण पा सकते हैं। एक झील के तल से बुलबुला उठता है, लेकिन हम उसे तभी देखते हैं जब वह सतह पर फूटता है। ठीक वैसे ही, हम विचारों को तभी समझते हैं जब वे कार्य में बदलते हैं।

हम अक्सर शिकायत करते हैं कि हमारे विचारों और कार्यों पर हमारा कोई नियंत्रण नहीं है। लेकिन अगर हम उस मूल विचार को पकड़ लें—उसके विचार बनने से पहले—तो पूरा नियंत्रण संभव हो सकता है। अगर कोई विधि हो जिससे हम इन सूक्ष्म गतिविधियों को समझ, विश्लेषण और नियंत्रित कर सकें, तो हम स्वयं पर पूरी तरह नियंत्रण पा सकते हैं।

और जो खुद पर नियंत्रण रखता है, वह दूसरों पर भी प्रभाव रखता है। इसी कारण पवित्रता और नैतिकता धर्म का लक्ष्य रही है। एक नैतिक और शुद्ध व्यक्ति स्वयं को नियंत्रित करता है। सभी मन एक जैसे हैं—एक ही महान मन के अलग-अलग हिस्से। जो अपने मन को जानता और नियंत्रित करता है, वह सभी मनों का ज्ञान और प्रभाव प्राप्त करता है, जैसे जो मिट्टी के एक कण को जानता है, वह पूरे ब्रह्मांड की मिट्टी को जान लेता है।

*

सभी इन्द्रियाँ—बाहरी और भीतरी—शिष्य के नियंत्रण में होनी चाहिए। कठिन अभ्यास के ज़रिए, उसे इस स्तर तक पहुँचना होता है कि वह अपने मन को इन्द्रियों के विरुद्ध और प्रकृति के संकेतों के विरुद्ध स्थिर कर सके। वह अपने मन से कह सके, “तू मेरा है, मैं तुझे आदेश देता हूँ—कुछ मत देखो, मत सुनो,” और तब मन सच में कुछ नहीं देखता या सुनता। कोई भी दृश्य या ध्वनि उस पर असर नहीं डालती।

इस अवस्था में, मन इन्द्रियों के नियंत्रण से बाहर होता है—उनसे पूरी तरह अलग। अब मन शरीर या इन्द्रियों से बंधा नहीं रहता। अब बाहरी चीज़ें उसे निर्देश नहीं देतीं; मन उनके मोह में पड़ने से मना कर देता है। अगर कोई अच्छी खुशबू आती है, शिष्य अपने मन से कहता है, “गंध मत लेना,” और मन उस खुशबू को अनुभव नहीं करता।

जब तुम इस स्तर पर पहुँच जाते हो, तब तुम वास्तव में शिष्य बनना

शुरू करते हो। इसलिए जब कोई कहता है, "मैं सत्य जानता हूँ," तो मैं पूछता हूँ, "अगर तुम सच में सत्य जानते हो, तो क्या तुम्हें आत्म-नियंत्रण है? और अगर है, तो इन इन्द्रियों पर नियंत्रण करके दिखाओ।"

*

इसके बाद मन को शांत करना ज़रूरी होता है। यह हर समय इधर-उधर भटकता है। जैसे ही मैं ध्यान करने बैठता हूँ, मन में दुनिया के सबसे घिनौने विचार आने लगते हैं। ये विचार क्यों आते हैं जब मैं नहीं चाहता? ऐसा लगता है जैसे मैं मन का गुलाम हूँ। जब तक मन बेचैन और अनियंत्रित है, तब तक कोई भी आध्यात्मिक अनुभव संभव नहीं होता।

शिष्य को यह सीखना होगा कि मन को कैसे नियंत्रित किया जाए। हाँ, मन का काम है सोचना—but अगर शिष्य न चाहे, तो मन को नहीं सोचना चाहिए; और जब शिष्य उसे कहे, तभी सोचना शुरू करना चाहिए। शिष्य बनने के लिए यह मन की स्थिति बेहद ज़रूरी है।

*

साथ ही, शिष्य में जबरदस्त सहनशक्ति होनी चाहिए। जीवन आरामदायक लगता है, और जब सब कुछ ठीक होता है, तो मन अच्छा व्यवहार करता है। लेकिन जैसे ही कुछ गलत होता है, मन संतुलन खो देता है—यह ठीक नहीं है। सभी दुखों और बुराइयों को बिना दुख, विरोध, उपाय या बदले की भावना के सहन करना चाहिए। यही सच्चा धैर्य है, और शिष्य को यह विकसित करना चाहिए।

दुनिया में हमेशा अच्छाई और बुराई रहेगी। कुछ लोग बुराई को भूलने या नज़रअंदाज़ करने की कोशिश करते हैं, लेकिन जब बुराई आती है, तो वे घबरा जाते हैं और कड़वाहट से भर जाते हैं। कुछ लोग हर चीज़

को अच्छा कहने लगते हैं—यह भी डर से ही आता है। अगर कोई चीज़ दुर्गंध दे रही है, तो उस पर गुलाबजल छिड़ककर उसे सुगंधित क्यों कहें?

हाँ, दुनिया में अच्छाई है और बुराई भी—ईश्वर ने बुराई को भी बनाया है। लेकिन उसे झूठा अच्छा दिखाने की ज़रूरत नहीं। बुराई क्यों है, यह जानना आपका काम नहीं है। बस विश्वास रखें और शांत रहें।

*

"मैं" के बिना कोई "तुम" नहीं हो सकता। इसी से कुछ दार्शनिकों ने यह निष्कर्ष निकाला कि बाहरी दुनिया "मैं" के अलावा अस्तित्व में नहीं है—कि "तुम" केवल "मैं" के भीतर ही है। वहीं कुछ अन्य ने यह कहा कि "मैं" को सिर्फ "तुम" के ज़रिए ही जाना जा सकता है। दोनों दृष्टिकोणों में कुछ सच्चाई है—हर एक आंशिक रूप से सही है और आंशिक रूप से गलत।

विचार भी उतना ही भौतिक और प्राकृतिक है जितना शरीर है। मन और पदार्थ, दोनों किसी तीसरे में स्थित हैं—एक ऐसी एकता में, जो खुद को दो रूपों में प्रकट करती है। वही एकता आत्मा है—वास्तविक "स्व"।

*

पृथ्वी और स्वर्ग के भोग की सभी इच्छाएं छोड़ दो। इन्द्रियों और मन को अपने अधीन रखो। हर दुख को ऐसे सहो जैसे पता ही न हो कि तुम दुख में हो। आध्यात्मिक मुक्ति के अलावा किसी और बात की चिंता मत करो। गुरु, उनकी शिक्षाओं और इस विश्वास में अडिग रहो कि तुम मुक्त हो सकते हो। जो भी परिस्थिति हो, बार-बार कहो: सोहम, सोहम। खाते हुए, पीते हुए, चलते हुए, दर्द में भी—हर समय अपने मन से यही कहते रहो: जो कुछ दिखाई देता है, वह कभी

वास्तव में था ही नहीं, केवल "मैं" ही हूँ। थोड़ी सी समझ, और स्वप्न टूट जाएगा। दिन-रात यही विचार रखो: यह सारा ब्रह्मांड शून्य है, केवल ईश्वर ही है। मुक्ति की तीव्रतम इच्छा बनाए रखो।

*

मन को नियंत्रित करने से पहले उसका अध्ययन जरूरी है। इस चंचल मन को पकड़ना होगा, उसे भटकने से रोककर एक विचार पर टिकाना होगा—बार-बार ऐसा करना होगा। इच्छाशक्ति के बल पर हमें मन को रोकना और ईश्वर की महिमा पर ध्यान केंद्रित करना होगा। मन को साधने का सबसे सरल उपाय है: शांत बैठो और उसे थोड़ी देर के लिए भटकने दो। लेकिन साथ ही, यह विचार दृढ़ रखो: "मैं मन को बहते हुए देखने वाला साक्षी हूँ। मन मैं नहीं हूँ।" इसे ऐसे देखो जैसे यह तुमसे बिल्कुल अलग कोई वस्तु हो। खुद को ईश्वर के साथ जोड़ो, मन या पदार्थ से नहीं। मन को एक शांत झील समझो और विचारों को उस झील पर उठते और टूटते बुलबुलों की तरह देखो। उन्हें नियंत्रित न करो—बस देखो और कल्पना में उनके बहने का अनुसरण करो। इससे धीरे-धीरे विचारों की गति कम हो जाएगी।

मन हमेशा विस्तृत घेरे में घूमता है, जैसे तालाब में पत्थर डालने से लहरें बनती हैं। अब हमें इस प्रक्रिया को उलटना है: बाहर से भीतर की ओर आना है, बड़े घेरे से शुरू कर उसे संकुचित करते जाना है, जब तक कि अंत में मन एक बिंदु पर टिक न जाए। यह विचार बनाए रखो: "मैं मन नहीं हूँ, मैं देख रहा हूँ कि मेरा मन काम कर रहा है।" जैसे-जैसे दिन बीतते हैं, विचारों और भावनाओं के साथ अपनी पहचान धीरे-धीरे कम होती जाएगी—जब तक अंततः तुम जान न जाओ कि मन तुमसे अलग है।

जब यह हो जाएगा, तब मन तुम्हारा सेवक बन जाएगा, जिसे तुम अपनी इच्छा से नियंत्रित कर सकते हो। योग का पहला कदम है

इंद्रियों से ऊपर उठना। और जब मन पर विजय पा ली जाती है, तो तुम उच्चतम अवस्था में पहुँच जाते हो।

*

"अगर मैं मिट्टी के एक ढेले को जानता हूँ, तो मैं पूरी मिट्टी को जानता हूँ।" पूरे ब्रह्मांड की रचना एक ही ढाँचे पर हुई है। एक व्यक्ति उसी ढाँचे का एक छोटा सा हिस्सा है, जैसे एक मिट्टी का ढेला। यदि हम मानव आत्मा को जान लें—जो एक छोटा अणु है—उसकी शुरुआत और सामान्य प्रवृत्ति को समझ लें, तो हम पूरी प्रकृति को समझ सकते हैं। जन्म, विकास, वृद्धावस्था, क्षय और मृत्यु—ये सारे चरण हर जगह एक जैसे हैं, चाहे वह पौधा हो या मनुष्य। फर्क सिर्फ़ समय का होता है।

कभी यह चक्र एक दिन में पूरा हो जाता है, कभी दस या साठ साल में। लेकिन विधियाँ सबमें समान होती हैं। ब्रह्मांड की सही समझ पाने का एकमात्र रास्ता हमारे अपने मन का विश्लेषण करना है। धर्म को समझने के लिए उचित मनोविज्ञान जरूरी है। केवल तर्क से सत्य तक पहुँचना असंभव है, क्योंकि अपूर्ण तर्क अपनी ही नींव को नहीं समझ सकता।

इसलिए मन का अध्ययन करने का तरीका यह है कि पहले तथ्यों को जुटाया जाए, फिर बुद्धि उन तथ्यों को क्रम में लगाए और सिद्धांत निकाले। बुद्धि को ज्ञान का भवन बनाना है, लेकिन वह खुद ईंटें नहीं बना सकती—उसे पहले तथ्यों की ईंटें चाहिए। और ज्ञान-योग इन्हीं तथ्यों तक पहुँचने का सबसे विश्वसनीय मार्ग है।

*

हम आमतौर पर पदार्थ और मन को बिल्कुल अलग मानते हैं, लेकिन वास्तव में दोनों एक ही प्रकृति के हैं—एक ही बल के दो रूप, जिनमें

एक लगातार दूसरे पर असर डालता है। बाहर से आने वाला बल मन पर विभिन्न संवेदनाओं के रूप में असर करता है। ये संवेदनाएं खुद में केवल बल होती हैं। यह बाहरी बल भीतर की ऊर्जा को जाग्रत करता है। जब मन इस बाहरी बल का जवाब देना चाहता है या उससे दूर जाना चाहता है, तो यही आंतरिक बल विचार में बदल जाता है।

असल में, पदार्थ और मन दोनों केवल बल हैं, और यदि आप इनका गहरा विश्लेषण करें, तो पाएंगे कि मूल रूप से वे अलग नहीं हैं। बाहरी बल अगर आंतरिक बल को जगा सकता है, तो इसका मतलब है कि कहीं न कहीं वे जुड़े हुए हैं—वे एक ही निरंतर बल के दो रूप हैं। जब आप किसी चीज़ की जड़ में पहुँचते हैं, तो वह सरल और सामान्य लगने लगती है।

चूँकि एक ही बल कभी पदार्थ और कभी मन के रूप में सामने आता है, इसलिए मानने का कोई कारण नहीं कि वे अलग-अलग हैं। मन पदार्थ में बदल सकता है और पदार्थ मन में। विचार शक्ति तंत्रिका शक्ति या पेशीय शक्ति बन जाती है, और मांसपेशियों व तंत्रिका की शक्ति फिर से विचार में बदल सकती है। इस तरह, पूरी प्रकृति शक्ति ही है—चाहे वह मन के रूप में व्यक्त हो या पदार्थ के रूप में।

*

भौतिकवादी यह कहकर आदर्शवादी को डराने की कोशिश करता है कि मन केवल प्रयोगशाला के तत्वों से बना है, जबकि वह खुद लगातार इन सभी तत्वों और परमाणुओं से भी ऊँची किसी शक्ति को व्यक्त करने की कोशिश कर रहा है—ऐसी चीज जो भीतर और बाहर दोनों की घटनाओं का कारण है, और जिसे वह "पदार्थ" कहता है।

दूसरी ओर, आदर्शवादी यह साबित करना चाहता है कि भौतिकवादी के सभी तत्व और परमाणु बस विचार से उत्पन्न हुए हैं। फिर भी वह भी किसी ऐसी शक्ति की झलक पाता है जो मन और पदार्थ दोनों का स्रोत है—जिसे वह अक्सर "ईश्वर" कहता है।

दूसरे शब्दों में, एक पक्ष पूरे ब्रह्मांड को उसके बाहरी हिस्से से समझाना चाहता है, और दूसरा उसे आंतरिक हिस्से से। लेकिन ये दोनों ही रास्ते अधूरे हैं—मन और पदार्थ एक-दूसरे को पूरी तरह नहीं समझा सकते। असली समाधान किसी ऐसी शक्ति में खोजा जाना चाहिए जो मन और पदार्थ दोनों को अपने भीतर समाहित करती हो।

*

मन आत्मा द्वारा पहचाना जाता है, लेकिन यह स्वयं प्रकाशित नहीं है। आत्मा किसी भी चीज़ का कारण नहीं हो सकती। यह कैसे हो सकता है? पुरुष स्वयं को प्रकृति से कैसे जोड़ सकता है? ऐसा नहीं होता; ऐसा करना केवल भ्रमवश सोचा जाता है...

*

अब सवाल यह है कि इस प्राण (जीवन-शक्ति) का सही उपयोग कैसे किया जाए। हम सभी इसका उपयोग करते हैं, लेकिन दुर्भाग्य से इसे अक्सर व्यर्थ कर देते हैं। इस विषय में पहला सिद्धांत यह है कि सभी ज्ञान अनुभव से आता है—जो भी चीज़ पाँचों इंद्रियों से परे है, वह हमारे लिए तब तक सत्य नहीं बन सकती जब तक उसे अनुभव न किया जाए।

हमारा मन तीन स्तरों पर काम करता है: अवचेतन, चेतन, और अतिचेतन। सामान्य लोगों में पहला और दूसरा स्तर काम करता है, लेकिन केवल योगी ही अतिचेतन स्तर को अनुभव करते हैं। योग का उद्देश्य ही है इन सीमाओं से आगे बढ़ना और मन से परे जाना।

इन तीन स्तरों को हम प्रकाश या ध्वनि के कंपन के उदाहरण से समझ सकते हैं। कुछ प्रकाश-कंपन इतने धीमे होते हैं कि हमें दिखाई नहीं देते। वे धीरे-धीरे तीव्र होते जाते हैं और तब दिखाई देते हैं। और जब वे बहुत तीव्र हो जाते हैं, तो वे फिर से अदृश्य हो जाते हैं। यही

बात ध्वनि पर भी लागू होती है।

प्रश्न यह है: बिना स्वास्थ्य को नुकसान पहुँचाए इंद्रियों से परे कैसे जाया जाए? यही हम सीखना चाहते हैं। पश्चिमी दुनिया में कुछ मानसिक शक्तियाँ असामान्य मानी जाती हैं और अक्सर बीमारी की तरह देखी जाती हैं। लेकिन हिंदुओं ने इस विषय का गहराई से अध्ययन किया और इसे एक सुरक्षित और व्यवस्थित विज्ञान में बदल दिया है, जिसे अब कोई भी बिना डर के सीख सकता है।

मानसिक उपचार अतिचेतन अवस्था का एक स्पष्ट प्रमाण है— क्योंकि जो विचार उपचार करता है, वह केवल एक विचार नहीं, बल्कि प्राण की एक विशेष तरंग होती है। यह विचार के रूप में नहीं, बल्कि किसी उच्च शक्ति के रूप में कार्य करता है, जिसे हम नाम नहीं देते।

*

हर विचार की तीन अवस्थाएँ होती हैं: पहली, जब वह जन्म लेता है — उस समय हमें इसकी भनक भी नहीं होती; दूसरी, जब वह हमारे चेतन मन में आता है और स्पष्ट रूप से दिखता है; और तीसरी, जब वह फिर से हमारी चेतना से बाहर चला जाता है। विचार एक बुलबुले की तरह होता है जो सतह पर आता है। जब विचार किसी इच्छा से जुड़ जाता है, तब वह शक्ति बन जाता है।

जब आप किसी बीमार व्यक्ति की मदद करते हैं, तो उस पर असर डालने वाली चीज़ विचार नहीं, बल्कि वह शक्ति होती है जो उस विचार से निकलती है। इन सभी अवस्थाओं में जो सूक्ष्म चेतन तत्व लगातार काम कर रहा होता है, उसे संस्कृत में सूत्रात्मा या "सूत्र-स्व" कहा जाता है — वह आत्मा जो सबको जोड़ती है।

प्राण की सबसे ऊँची और गहन अभिव्यक्ति है प्रेम। जिस क्षण आप प्रेम को प्राण से उत्पन्न करने में सफल हो जाते हैं, उसी क्षण आप मुक्त

हो जाते हैं। प्रेम को इस रूप में प्राप्त करना सबसे कठिन और सबसे महान उपलब्धि है।

कभी भी दूसरों की आलोचना मत करो — खुद की करो। यदि आप किसी शराबी को देखें, तो उसकी आलोचना करने के बजाय सोचें: वह भी मैं ही हूँ, एक और रूप में। जिसने अपने अंदर अंधकार मिटा दिया है, वह दूसरों में अंधकार देख ही नहीं सकता। आप दूसरों में वही देखते हैं, जो आपके भीतर होता है।

यह सोचने का सबसे प्रभावी तरीका है। अगर वे सुधारक, जो हर जगह बुराई देखते हैं, पहले खुद बुराई करना छोड़ दें — तो दुनिया बहुत जल्द बेहतर हो सकती है। इस विचार को अपने भीतर गहराई से उतार लें।

*

आधुनिक विचारधारा में "प्रकृति" केवल उस ब्रह्मांड को मानती है जो भौतिक रूप से दिखाई देता है। सामान्यतः मन को प्रकृति का हिस्सा नहीं माना जाता। जो दार्शनिक स्वतंत्र इच्छा को सिद्ध करना चाहते थे, उन्होंने मन को प्रकृति से अलग मान लिया — क्योंकि प्रकृति हमेशा सख्त नियमों से संचालित होती है, और अगर मन भी प्रकृति का हिस्सा है, तो वह भी इन नियमों से बंधा होगा। फिर मन स्वतंत्र कैसे हो सकता है? नियम तो कारण और परिणाम की एक प्रक्रिया है: एक चीज़ किसी पहले घटित चीज़ के कारण होती है। प्रकृति में सब कुछ इसी कारण-प्रभाव चक्र में होता है।

अगर यही चक्र मन में भी चलता है, तो फिर मन भी बंधा हुआ है — और इच्छा स्वतंत्र नहीं हो सकती। लेकिन हमें भीतर से लगता है कि हम स्वतंत्र हैं। अगर हम बिल्कुल भी स्वतंत्र नहीं होते, तो जीवन अर्थहीन होता, जीना व्यर्थ होता।

पूर्वी दार्शनिकों ने इस विचार को स्वीकार किया — बल्कि पहले

पहल इन्हीं ने इसे प्रतिपादित किया — कि मन और इच्छा भी समय, स्थान और कारण के दायरे में हैं, जैसे भौतिक वस्तुएँ। इसलिए ये भी कार्य-कारण के नियमों से बंधी हैं। हम जो कुछ सोचते हैं, वह समय के भीतर होता है। हर विचार, हर वस्तु समय और स्थान से बंधी है। सब कुछ कार्य-कारण से चलता है।

पदार्थ और मन वास्तव में एक ही चीज़ हैं—केवल उनके कंपन की गति अलग है। जब कंपन बहुत धीमी होती है, तो हम उसे "पदार्थ" कहते हैं। जब कंपन बहुत तेज़ होती है, तो वही पदार्थ "मन" बन जाता है। इसलिए मन और पदार्थ अलग नहीं हैं, बस उनकी अभिव्यक्ति में फर्क है। जैसे पदार्थ समय, स्थान और कारण के नियमों से बंधा है, वैसे ही मन भी—क्योंकि वह उच्च गति से कंपन करता हुआ वही पदार्थ है—उन्हीं नियमों के अधीन है।

यह सब एकरूप प्रकृति का हिस्सा है। विभाजन केवल उसकी अभिव्यक्ति में है। संस्कृत में "प्रकृति" शब्द का अर्थ ही है "विभेदन"।

मन और पदार्थ का यह रूपांतरण सिर्फ़ कंपन के स्तर का प्रश्न है। उदाहरण के लिए: यदि आप एक स्टील की छड़ को तेज़ी से कंपन कराएँ, तो पहले आप केवल गूंज सुनेंगे। गति और बढ़ाएँ, तो छड़ चमकने लगेगी। और तेज़ करें, तो छड़ पूरी तरह से गायब हो जाएगी—यह मन बन जाएगी।

एक और उदाहरण लें: अगर मैं दस दिन तक भूखा रहूं, तो मैं सोच नहीं पाऊंगा। मेरे विचार बिखरे हुए होंगे, मैं कमज़ोर हो जाऊँगा, शायद अपना नाम भी भूल जाऊँ। लेकिन जब मैं कुछ रोटी खाता हूँ, थोड़ी देर बाद मेरी सोच वापस आ जाती है। इसका मतलब है, रोटी मन में बदल गई।

उसी तरह, जब मन अपनी कंपन दर घटाता है, तो वह शरीर के रूप में प्रकट होता है—वह पदार्थ बन जाता है।

अब सवाल उठता है—मन पहले है या पदार्थ? जैसे मुर्गी और अंडे की बहस: मुर्गी अंडा देती है, अंडे से फिर मुर्गी निकलती है, और यह क्रम चलता रहता है। आप अंडे के बिना मुर्गी या मुर्गी के बिना अंडा नहीं सोच सकते।

तो कौन पहले आया—यह मायने नहीं रखता। हमारे ज़्यादातर विचार इसी भ्रम में फंसे रहते हैं।

महान सत्य अक्सर इसलिए भुला दिए जाते हैं क्योंकि वे बेहद सरल होते हैं। वे हर जगह लागू होते हैं और इसलिए सीधे होते हैं। जटिलता तो केवल हमारी अज्ञानता का नतीजा है।

*

प्राकृतिक विज्ञान सीखने के लिए जो किताब पढ़नी चाहिए वह प्रकृति की किताब है। धर्म सीखने के लिए जो किताब है वह आपका अपना मन और हृदय है। ऋषि अक्सर भौतिक विज्ञान से अनभिज्ञ होते हैं, क्योंकि वे गलत किताब पढ़ते हैं - भीतर की किताब; और वैज्ञानिक अक्सर धर्म से अनभिज्ञ होते हैं, क्योंकि वे भी गलत किताब पढ़ते हैं - बाहर की किताब।

*

आप कहां हैं—वास्तव में यह "मैं" है ही कहां? आप उस चीज़ की मृत्यु की बात कैसे कर सकते हैं जो कभी अस्तित्व में थी ही नहीं? इंसान केवल झूठे अहंकार के विचार में फँसा हुआ है। जब यह भ्रम दूर होता है, तो सभी स्वप्न मिट जाते हैं, और तब यह स्पष्ट होता है कि सर्वोच्च सत्ता से लेकर एक तिनके तक, हर जगह एक ही आत्मा मौजूद है।

इसी अनुभव के लिए साधना की जाती है। सभी अभ्यास, पूजा,

नियम—सबका लक्ष्य है केवल इस भ्रम के आवरण को हटाना। जब यह आवरण हटता है, तो आप पाते हैं कि परम ज्ञान का सूर्य पहले से ही वहाँ चमक रहा था। आत्मा स्वयं प्रकाश है, और उसे केवल स्वयं के द्वारा ही अनुभव किया जा सकता है।

जिसे केवल खुद के द्वारा जाना जा सकता है, उसे किसी और साधन से कैसे जाना जाएगा? इसलिए श्रुति पूछती है, "जो जानने वाला है, उसे किस चीज़ से जाना जाए?" जो कुछ भी हम जानते हैं, हम मन से जानते हैं। लेकिन मन स्वयं एक भौतिक चीज़ है, और वह केवल इसलिए काम करता है क्योंकि उसके पीछे आत्मा है। तो आप इस आत्मा को मन से कैसे जान सकते हैं?

नहीं जान सकते—मन या बुद्धि आत्मा तक नहीं पहुँच सकते। यहीं सापेक्ष ज्ञान रुक जाता है। जब मन पूरी तरह शांत और निष्क्रिय हो जाता है, तब वह मिट जाता है—और आत्मा स्वयं प्रकट होती है। इसी स्थिति को शंकराचार्य ने "अतीन्द्रिय बोध" कहा है।

*

बुद्धि और स्थूल पदार्थ में बस मात्रा का अंतर है—वे दोनों मूलतः एक ही तरह के हैं। केवल पुरुष (आत्मा) ही पूरी तरह अमूर्त है। मन आत्मा का उपकरण है, जिससे वह बाहरी चीजों को जानती और अनुभव करती है। यह मन लगातार बदलता रहता है और कई इंद्रियों से, किसी एक से, या किसी से भी नहीं जुड़ सकता—यह उसकी स्थिति पर निर्भर करता है।

उदाहरण के लिए, अगर मैं घड़ी की टिक-टिक को बहुत ध्यान से सुनता हूँ, तो हो सकता है मैं कुछ न देख पाऊँ, भले ही मेरी आँखें खुली हों। इसका मतलब है कि उस समय मन देखने की इंद्रिय से जुड़ा नहीं था, बल्कि सुनने की इंद्रिय से जुड़ा था। परंतु एक सिद्ध मन एक साथ सभी इंद्रियों से जुड़ सकता है।

साथ ही, इसमें एक विशेष शक्ति होती है—भीतर की ओर लौटकर खुद को देखने की। यही शक्ति योगी को प्राप्त करनी होती है। वह मन की सारी शक्तियों को एकत्र कर, उन्हें बाहर की बजाय भीतर की ओर मोड़ता है, ताकि वह देख सके कि अंदर क्या घट रहा है।

यह केवल विश्वास का विषय नहीं है—बल्कि यह एक दार्शनिक विश्लेषण है, जिसे बहुतों ने किया है।

*

मन सर्वव्यापी है और इसे कहीं भी सुना और महसूस किया जा सकता है।

*

राजयोग हमें अपने भीतर की अवस्थाओं को देखने का एक साधन देता है—और वह साधन खुद मन है। जब ध्यान की शक्ति को सही दिशा दी जाती है और भीतर की ओर मोड़ा जाता है, तो वह मन का विश्लेषण करती है और हमारे सामने तथ्य प्रकट करती है। मन की शक्तियाँ बिखरी हुई रोशनी की किरणों की तरह होती हैं—जब वे एकत्र होती हैं, तभी वे रोशनी देती हैं। यही ज्ञान पाने का एकमात्र तरीका है।

बाहरी और अंदरूनी दोनों दुनियाओं में लोग इसी मन का उपयोग करते हैं; लेकिन जहाँ वैज्ञानिक इस शक्ति को बाहरी दुनिया की ओर मोड़ते हैं, वहीं एक मनोवैज्ञानिक को यही सूक्ष्म निरीक्षण भीतर की ओर करना होता है—और इसके लिए बहुत अभ्यास चाहिए।

हमें बचपन से केवल बाहरी चीजों पर ध्यान देना सिखाया गया है—भीतर की ओर देखने की आदत नहीं डाली गई। इसलिए ज्यादातर

लोगों ने अपने अंदर की प्रणाली को देखने की क्षमता लगभग खो दी है।

मन को भीतर की ओर मोड़ना, उसे बाहर भागने से रोकना, उसकी सारी शक्ति को समेटना और फिर उसे खुद पर केंद्रित करना—ताकि वह खुद को देख सके, अपना विश्लेषण कर सके—एक कठिन कार्य है। लेकिन अगर हम किसी विषय को वैज्ञानिक नजरिए से समझना चाहते हैं, तो यही एकमात्र रास्ता है।

*

जितना अधिक मन शुद्ध होगा, उसे नियंत्रित करना उतना ही सरल होगा। इसलिए, यदि आप मन पर नियंत्रण चाहते हैं, तो पहले उसकी शुद्धता पर ध्यान दें। केवल मानसिक शक्तियाँ पाने की इच्छा न रखें—उन्हें छोड़ देना बेहतर है। जो व्यक्ति इन शक्तियों की खोज करता है, वह उन्हीं का गुलाम बन जाता है। लगभग सभी जो इन शक्तियों की कामना करते हैं, वे अंत में उनके जाल में फँस जाते हैं।

पूर्ण नैतिकता ही मन पर पूर्ण नियंत्रण का आधार है। जो व्यक्ति पूरी तरह नैतिक है, उसे किसी और प्रयास की ज़रूरत नहीं होती—वह स्वतः ही मुक्त होता है। ऐसा व्यक्ति कभी किसी को चोट नहीं पहुँचा सकता। जो स्वतंत्र होना चाहता है, उसे अहिंसा को प्राप्त करना ही होगा। जो पूर्ण अहिंसा तक पहुँच गया है, उससे अधिक शक्तिशाली कोई नहीं।

उसकी उपस्थिति ही शांति का प्रतीक बन जाती है—जहाँ वह होता है, वहाँ प्रेम होता है। कोई भी व्यक्ति उसकी मौजूदगी में क्रोधित या झगड़ालू नहीं हो सकता। यहाँ तक कि हिंसक जानवर भी उसकी उपस्थिति में शांत हो जाते हैं।

*

मैं एक बहुत बूढ़े योगी को जानता था जो अकेले एक गड्ढे में रहता था। उसके पास सिर्फ एक-दो बर्तन थे, वह बहुत कम खाता, बहुत कम पहनता और अधिकतर समय ध्यान में बिताता था। उसके लिए हर इंसान और जानवर समान थे क्योंकि उसने अहिंसा को प्राप्त कर लिया था। वह हर प्राणी में आत्मा को देखता था—उसे भगवान का रूप मानता था। उसके लिए हर कोई, हर जानवर "मेरा भगवान" था। वह किसी को भी किसी और रूप में संबोधित नहीं करता था।

एक दिन एक चोर ने उसका एक बर्तन चुरा लिया। योगी ने उसे देखा और उसका पीछा किया। काफी दूर तक भागने के बाद चोर थक गया और रुक गया। योगी उसके पास आया, उसके सामने घुटनों के बल गिरा और बोला, "मेरे भगवान, आपने मेरे पास आकर मुझे बहुत बड़ा सम्मान दिया है। कृपया मेरा दूसरा बर्तन भी स्वीकार करें। यह भी आपका है।"

वह बूढ़ा अब नहीं रहा, लेकिन वह हर चीज़ से प्रेम करता था। वह एक चींटी के लिए जान दे सकता था। जंगली जानवर जानते थे कि वह उनका मित्र है। साँप और हिंसक जानवर उसके पास आते और उसी के साथ सोते। वे सभी उससे प्रेम करते थे और उसकी उपस्थिति में कभी नहीं लड़ते थे।

*

अतिचेतन ही अंतिम लक्ष्य है। जब यह अवस्था प्राप्त हो जाती है, तो वही व्यक्ति दिव्य और मुक्त हो जाता है। तब प्रशिक्षित मन धीरे-धीरे ब्रह्मांड के रहस्यों को उजागर करने लगता है; प्रकृति की किताब अध्याय दर अध्याय खुलती जाती है, जब तक कि हम लक्ष्य तक न पहुँच जाएँ और जीवन-मृत्यु के इस संसार से उस एक तक न चले जाएँ, जहाँ न जीवन है, न मृत्यु—केवल सत्य है, जिसे हम जानते हैं और स्वयं बन जाते हैं।

सबसे पहले जरूरी है शांत और स्थिर जीवन। अगर मुझे अपनी

जीविका चलाने के लिए दिन भर इधर-उधर भटकना पड़े, तो इस जीवन में कुछ ऊँचा प्राप्त करना कठिन होगा। शायद किसी अगले जीवन में मुझे बेहतर परिस्थितियाँ मिलें। लेकिन अगर मैं वास्तव में ईमानदार हूँ, तो ये परिस्थितियाँ इसी जन्म में भी बदल सकती हैं।

क्या कभी ऐसा हुआ है कि आपने किसी चीज़ को गहराई से चाहा हो और वह न मिली हो? नहीं, ऐसा नहीं होता। क्योंकि वही इच्छा शरीर बनाती है। प्रकाश ने आपकी आँखों के लिए सिर में छेद बनाए; अगर प्रकाश न होता, तो आँखें भी न होतीं। ध्वनि ने कान बनाए। पहले अनुभूति की वस्तु थी, फिर इंद्रियाँ बनीं। हो सकता है कुछ लाख साल बाद हमारे पास बिजली और अन्य शक्तियों को समझने के लिए नई इंद्रियाँ हों।

शांत मन में कोई इच्छा नहीं होती। इच्छा तभी आती है जब उसे पूरा करने के लिए बाहर कुछ मौजूद हो।

*

यह मन सार्वभौमिक मन का एक हिस्सा है। प्रत्येक मन हर दूसरे मन से जुड़ा हुआ है। और प्रत्येक मन, चाहे वह कहीं भी स्थित हो, वास्तव में पूरी दुनिया के साथ संचार में है।

*

मन को सदा भगवान की ओर लगाना चाहिए। कोई और चीज उसे रोक नहीं सकती। उसे लगातार भगवान का स्मरण करना चाहिए, चाहे यह कठिन ही क्यों न हो; लेकिन निरंतर अभ्यास से यह संभव है। हम आज जो हैं, वह पहले किए गए अभ्यास का परिणाम है। इसलिए अभ्यास ही हमें वैसा बना सकता है जैसा हमें बनना चाहिए। एक दिशा में घूमते हुए हम यहाँ तक पहुँचे हैं; अब उलटी दिशा में घूमो और जितनी जल्दी हो सके इससे बाहर निकलो।

इंद्रियों की ओर सोचने से हम यहाँ तक आ गए—कभी रोते हैं, कभी हँसते हैं, हर छोटी बात से प्रभावित होते हैं, हर चीज़ के गुलाम बने रहते हैं। यह लज्जाजनक है, और फिर भी हम खुद को आत्मा कहते हैं! अब उलटे चलो, भगवान का ध्यान करो। मन को शारीरिक या मानसिक सुखों पर न टिकने दो, बस उसे भगवान की ओर मोड़ो। जब वह भटकने लगे, तो उसे सख्ती से वापस मोड़ो ताकि वह फिर भगवान का चिंतन करने लगे।

जैसे एक बर्तन से दूसरे में गिरता तेल एक सीधी, अविरल धारा बनाता है, जैसे कोई दूर की घंटी एक निरंतर आवाज देती है—वैसे ही मन को निरंतर भगवान की ओर बहने दो। यह अभ्यास केवल मन पर नहीं, इंद्रियों पर भी लागू करो। व्यर्थ बातें सुनने के बजाय भगवान से संबंधित बातें सुनो; बेमतलब की बातें कहने के बजाय भगवान की चर्चा करो। व्यर्थ की पुस्तकें पढ़ने के बजाय वह पढ़ो जो भगवान की ओर ले जाती हैं।

*

आप किसी कानून से बाध्य नहीं हैं। यह आपकी अपनी प्रकृति है। मन प्रकृति का हिस्सा है और कानूनों से बंधा है। पूरी प्रकृति अपने कार्य के नियमों के अधीन है; और इन नियमों को कभी तोड़ा नहीं जा सकता। अगर आप प्रकृति के किसी एक नियम को भी तोड़ दें, तो पूरी प्रकृति उसी पल नष्ट हो जाएगी। तब कोई प्रकृति नहीं बचेगी।

जब कोई व्यक्ति स्वतंत्रता प्राप्त करता है, तो वह प्रकृति के नियमों को तोड़ देता है। तब प्रकृति उसके लिए महत्वहीन हो जाती है और उस पर उसका कोई प्रभाव नहीं रहता। हर व्यक्ति एक ही बार और हमेशा के लिए उस नियम को तोड़ेगा—और तब प्रकृति के साथ उसका संघर्ष खत्म हो जाएगा।

मन को नियंत्रित करना

मन को वश में करना बेहद कठिन है! इसे एक पागल बंदर से तुलना की गई है। एक बंदर था, जो वैसे ही बेचैन था, जैसा बंदर होते हैं। फिर किसी ने उसे शराब पिला दी, जिससे वह और चंचल हो गया। तभी एक बिच्छू ने उसे डंक मार दिया। जैसे कोई आदमी बिच्छू के डंक से उछलने लगे, वैसे ही वह बंदर और ज्यादा व्याकुल हो गया। और फिर उसके ऊपर एक राक्षस सवार हो गया। अब उस बेचैनी का वर्णन किस भाषा में किया जा सकता है?

मानव मन भी उसी बंदर जैसा है — स्वभाव से चंचल, फिर वासना की शराब से भरा हुआ। इसके बाद दूसरों की सफलता देखकर ईर्ष्या का बिच्छू डंक मारता है। और अंत में अहंकार का राक्षस मन में घुस जाता है, जो उसे खुद को सबसे बड़ा समझने पर मजबूर करता है। ऐसे मन को काबू में करना कितना कठिन है!

*

तो पहला पाठ यह है कि कुछ देर शांत बैठो और मन को जैसे चाहे वैसा भटकने दो। मन हमेशा सक्रिय रहता है — एक बंदर की तरह जो लगातार कूदता रहता है। उसे कूदने दो; तुम बस चुपचाप देखो और प्रतीक्षा करो।

कहते हैं "ज्ञान ही शक्ति है", और यह सच है। जब तक तुम यह नहीं समझोगे कि मन क्या कर रहा है, तब तक उसे नियंत्रित नहीं कर सकते। उसे लगाम देने की कोशिश करो; कई डरावने विचार भी आ सकते हैं, जिन्हें देखकर तुम हैरान रह जाओगे कि ऐसा सोचना भी संभव था।

लेकिन तुम देखोगे कि हर दिन मन थोड़ा कम चंचल होता जा रहा है, हर दिन थोड़ा शांत हो रहा है। शुरुआत में कई विचार आएंगे, फिर

धीरे-धीरे वे घटते जाएंगे — कुछ महीनों में बहुत कम हो जाएंगे — और अंततः मन पूरी तरह नियंत्रण में आ जाएगा। लेकिन इसके लिए हमें हर दिन धैर्य से अभ्यास करना होगा।

जैसे भाप बनते ही इंजन चलना चाहिए, वैसे ही जैसे ही कोई अनुभव सामने आता है, हमें तुरंत समझना चाहिए। अगर कोई यह दिखाना चाहता है कि वह कोई यंत्र नहीं है, तो उसे यह साबित करना होगा कि वह किसी बाहरी नियंत्रण के अधीन नहीं है। मन को नियंत्रित करना और उसे इंद्रियों से जुड़ने न देना ही प्रत्याहार है।

इसका अभ्यास कैसे किया जाए? यह आसान काम नहीं है — यह एक दीर्घकालिक प्रयास है। कई वर्षों तक निरंतर अभ्यास और धैर्य के साथ ही इसमें सफलता मिलती है।

*

जब आप कुछ समय तक प्रत्याहार का अभ्यास कर लें, तो अगला चरण है धारणा — यानी मन को किसी विशेष बिंदु पर टिकाना। इसका मतलब है कि मन को शरीर के किसी एक हिस्से पर केंद्रित करना और बाकी हिस्सों की उपेक्षा करना। जैसे, पूरे शरीर को छोड़कर केवल हाथ को महसूस करने की कोशिश करें।

जब चित्त यानी मन की सामग्री केवल एक निश्चित जगह पर सीमित हो जाती है, तो इसे धारणा कहते हैं। धारणा कई तरीकों से की जा सकती है, और इसमें थोड़ी कल्पना जोड़ना फायदेमंद होता है। उदाहरण के लिए, मन को हृदय में एक बिंदु पर टिकाने के लिए कहा जा सकता है। यह मुश्किल हो सकता है, इसलिए एक आसान तरीका यह है कि वहां एक कमल की कल्पना करें — जो प्रकाश से भरा हुआ हो, चमकता हुआ।

मन को उसी स्थान पर रोके रखें। या फिर मस्तिष्क में भी एक कमल की कल्पना कर सकते हैं, जो तेजोमय है। इसी तरह आप पहले

बताए गए सुषुम्ना नाड़ी के विभिन्न केंद्रों पर ध्यान केंद्रित कर सकते हैं।

*

अगर मन वश में नहीं है, तो गुफा में रहने का कोई लाभ नहीं, क्योंकि वही मन वहाँ गड़बड़ी करेगा। तब हमें गुफा में बीस शैतान मिलेंगे, क्योंकि शैतान मन के ही रूप हैं। लेकिन अगर मन नियंत्रण में है, तो हम कहीं भी गुफा जैसा शांति का स्थान पा सकते हैं।

हमारा मानसिक दृष्टिकोण ही तय करता है कि दुनिया हमें कैसी दिखेगी। हमारे विचार ही चीज़ों को सुंदर या बदसूरत बनाते हैं। पूरी दुनिया हमारे मन में ही बसती है।

इसलिए चीज़ों को सही नजरिए से देखना सीखें। सबसे पहले, दुनिया पर विश्वास रखें — कि हर चीज के पीछे कोई न कोई अर्थ जरूर है। दुनिया की हर बात अच्छी, पवित्र और सुंदर है।

अगर कुछ बुरा दिखे, तो सोचें कि आप उसे सही दृष्टि से नहीं देख रहे। उसका कारण अपने भीतर खोजें। जब भी यह कहने का मन हो कि दुनिया बिगड़ रही है, तो पहले खुद का विश्लेषण करें — शायद हम ही चीज़ों को वैसा नहीं देख पा रहे जैसा वे वास्तव में हैं।

*

आत्मा कमजोर लोगों को नहीं मिलती। यदि शरीर और मन में शक्ति न हो, तो आत्मा का अनुभव नहीं हो सकता। सबसे पहले, शरीर को पौष्टिक भोजन से मजबूत बनाना होगा — तभी मन भी मजबूत होगा। मन, शरीर का सूक्ष्म हिस्सा है। तुम्हारे मन और वाणी में भरपूर शक्ति होनी चाहिए। यदि तुम बार-बार सोचते रहो कि “मैं तुच्छ हूँ, मैं हीन हूँ”, तो ऐसे विचारों से तुम खुद को कमजोर और गिरा हुआ बना लोगे।

*

धर्म में निराशा का कोई स्थान नहीं, चाहे परिस्थिति कुछ भी हो। हमेशा मुस्कुराना और खुश रहना आपको ईश्वर के और करीब ले जाता है—यह किसी भी प्रार्थना से ज़्यादा प्रभावी है। जो लोग हमेशा दुखी और उदास रहते हैं, वे प्रेम नहीं कर सकते। अगर वे प्रेम की बात करते हैं, तो वह झूठ है; वे असल में दूसरों को चोट पहुँचाना चाहते हैं। कट्टरपंथियों को देखो—उनके चेहरे हमेशा गंभीर होते हैं, और उनका सारा धर्म सिर्फ़ दूसरों से लड़ने में है। इतिहास गवाह है कि उन्होंने क्या किया, और आज भी मौका मिले तो वे दुनिया को खून से भर देंगे। सत्ता की पूजा और गंभीर चेहरे उन्हें प्रेम से दूर ले जाते हैं। इसलिए जो हमेशा दुखी रहता है, वह ईश्वर के पास नहीं पहुँच सकता। यह कहना कि "मैं बहुत दुखी हूँ," कोई धर्म नहीं बल्कि एक बुरी सोच है। हर किसी को अपना बोझ उठाना होता है। अगर तुम दुखी हो, तो भी कोशिश करो कि खुश रहो और उस दुख पर विजय पाओ। कमज़ोर लोग ईश्वर तक नहीं पहुँचते। कभी कमज़ोर मत बनो। तुम्हारे भीतर असीम शक्ति है। नहीं तो तुम किसी चीज़ पर जीत कैसे पाओगे? भगवान तक कैसे पहुँचोगे?

*

श्रुति कहती है, "यह आत्मा दुर्बलों को प्राप्त नहीं होती।" इसका मतलब है कि न केवल शारीरिक बल्कि मानसिक रूप से भी बलवान होना जरूरी है। केवल साहसी और मजबूत लोग ही सच्चे विद्यार्थी बन सकते हैं। कमजोर, टूटे-फूटे मन और शरीर वाले व्यक्ति योग की शक्तियों को सह नहीं सकते—वे जल्द ही बिखर जाएंगे। "युवा, स्वस्थ, बलवान" ही सफलता पा सकते हैं। इसलिए शारीरिक शक्ति अत्यंत आवश्यक है। केवल मजबूत शरीर ही इन्द्रियों को वश में करने से उत्पन्न प्रतिक्रिया को सह सकता है। जो भक्त बनना चाहता है, उसे मजबूत और स्वस्थ रहना चाहिए। बहुत कमजोर लोग अगर योग का अभ्यास करें, तो उन्हें गंभीर बीमारियाँ या मानसिक दुर्बलता हो सकती है। जानबूझकर शरीर को दुर्बल बनाना आत्मा को प्राप्त करने का उपाय नहीं है। मानसिक रूप से कमजोर व्यक्ति भी आत्मा

को नहीं पा सकता। जो सच्चा भक्त बनना चाहता है, उसे खुश और प्रसन्नचित्त रहना चाहिए। पश्चिम में अक्सर यह मान लिया जाता है कि धार्मिक व्यक्ति कभी मुस्कुराता नहीं, और उसका चेहरा हमेशा गंभीर और सख्त होता है—जबड़े तक तने हुए। लेकिन ऐसा व्यक्ति योगी नहीं, चिकित्सक के पास जाने लायक है। केवल प्रसन्न और मजबूत मन वाला व्यक्ति ही हजारों कठिनाइयों के बीच रास्ता बना सकता है। यह माया के जाल से बाहर निकलने जैसा कठिन कार्य केवल उन्हीं के लिए है जिनमें विशाल इच्छाशक्ति हो।

*

फिर भी, बहुत ज्यादा खुशी से भी बचना चाहिए (अनुद्धर्ष), क्योंकि ऐसी स्थिति में मन कभी शांत नहीं रहता—वह अस्थिर हो जाता है। अधिक आनंद के बाद अक्सर दुख आता है। आंसू और हंसी एक-दूसरे से जुड़े होते हैं। लोग लगातार एक अति से दूसरी अति की ओर भागते रहते हैं। अत्यधिक खुशी हमें गहरे विचार करने लायक नहीं छोड़ती और मन की ऊर्जा को व्यर्थ कर देती है।

इच्छाशक्ति जितनी अधिक मजबूत होगी, भावनाओं के असर में आने की संभावना उतनी ही कम होगी। बहुत ज्यादा उत्साह उतना ही हानिकारक है जितना गहरा दुःख, और धार्मिक अनुभव तभी संभव हैं जब मन पूरी तरह संतुलित और शांत हो।

इसलिए मन को प्रसन्न, लेकिन स्थिर रखें। उसे कभी भी किसी भी अति की ओर न जाने दें, क्योंकि हर अति के बाद एक प्रतिक्रिया ज़रूर आती है।

*

अनियंत्रित और असंयमित मन हमेशा हमें नीचे खींचेगा, हमें तोड़ेगा, नष्ट करेगा; जबकि नियंत्रित और निर्देशित मन हमें बचाएगा और मुक्ति देगा। इसलिए मन को नियंत्रित करना ज़रूरी है—और मनोविज्ञान

यही सिखाता है। भौतिक विज्ञानों में अध्ययन के लिए पर्याप्त बाहरी तथ्य और डेटा मिलते हैं। उन तथ्यों का विश्लेषण करके विज्ञान का ज्ञान विकसित होता है। लेकिन मन के अध्ययन में ऐसा कोई बाहरी डेटा नहीं होता जो हर किसी के लिए समान रूप से उपलब्ध हो। मन का विश्लेषण व्यक्ति को स्वयं करना होता है। इसी कारण, मन का विज्ञान—मनोविज्ञान—सभी विज्ञानों में सबसे महान है।

*

यदि आप मन का अध्ययन करना चाहते हैं, तो आपको एक व्यवस्थित अभ्यास की आवश्यकता होगी—ऐसा प्रशिक्षण जो मन को नियंत्रित करना सिखाए और ऐसी चेतना विकसित करे जिससे आप मन का निरीक्षण कर सकें, उसके विचलनों से प्रभावित हुए बिना। वरना जो तथ्य आप देखेंगे, वे भरोसेमंद नहीं होंगे; वे सभी लोगों पर लागू नहीं होंगे और इसलिए सही डेटा नहीं माने जाएंगे। लेकिन जिन लोगों ने मन के अध्ययन में गहराई से प्रवेश किया है, उनके अनुभव एक जैसे होते हैं—चाहे वे किसी भी देश या धर्म से हों। मन की गहराई में उतरने वाले सभी लोगों के निष्कर्ष एक जैसे होते हैं।

मन धारणा और आवेग से संचालित होता है। उदाहरण के लिए, प्रकाश की किरणें आंख से प्रवेश करती हैं, तंत्रिकाओं के माध्यम से मस्तिष्क तक जाती हैं, फिर भी हम प्रकाश को नहीं देख पाते। मस्तिष्क वह आवेग मन तक भेजता है, और जब मन प्रतिक्रिया करता है, तभी हम प्रकाश को देखते हैं। वह प्रतिक्रिया ही आवेग है, और उसी से दृष्टि बनती है।

मन को नियंत्रित करने के लिए आपको अवचेतन मन की गहराई में जाना होगा, वहाँ मौजूद छवियों, विचारों और प्रभावों को पहचानना, उन्हें क्रमबद्ध करना और नियंत्रित करना होगा। यही पहला कदम है। जब अवचेतन पर नियंत्रण होगा, तभी आप सच में चेतन मन को भी नियंत्रित कर पाएंगे।

स्वतंत्रता

दुःख रहित सुख या मृत्यु रहित जीवन की कल्पना बच्चों के लिए अच्छी लग सकती है, लेकिन गंभीर सोच वाला व्यक्ति समझता है कि ये बातें केवल शब्दों में विरोधाभास हैं—इसलिए वह दोनों ही विचारों को त्याग देता है।

तुम जो भी अच्छा कार्य करो, उसके लिए प्रशंसा या इनाम की इच्छा मत रखो। जैसे ही हम कुछ अच्छा करते हैं, हमें श्रेय पाने की चाह होती है। जैसे ही हम किसी अच्छे कार्य में योगदान देते हैं, हम चाहते हैं कि हमारा नाम अखबार में छपे। लेकिन ऐसी इच्छाओं के कारण दुःख आता ही आता है।

दुनिया के सबसे महान लोग गुमनाम ही रहे हैं। जिन बुद्ध या ईसा मसीह को हम जानते हैं, वे उन गुमनाम महापुरुषों से भी छोटे हैं जिनका नाम कभी किसी को नहीं पता चला।

हर देश में ऐसे सैकड़ों अनदेखे नायक हुए हैं जिन्होंने चुपचाप काम किया, चुपचाप जीवन बिताया और चुपचाप दुनिया से चले गए। समय बीतने पर उनके विचार बुद्धों या मसीह जैसे लोगों में प्रकट होते हैं, और तभी हमें उनके बारे में पता चलता है।

सच्चे महापुरुष कभी नाम या प्रसिद्धि की कामना नहीं करते। वे अपने विचार दुनिया को सौंप देते हैं, न कि अपने नाम पर किसी संस्था या संप्रदाय की स्थापना करते हैं। उनके स्वभाव में ही ऐसी चीज़ों से दूर रहने की शांति होती है।

*

मान लो कि स्वतंत्रता तुम्हारा स्वभाव नहीं है, तो तुम कभी सच में स्वतंत्र हो ही नहीं सकते। अगर तुम पहले स्वतंत्र थे और किसी तरह वह स्वतंत्रता खो बैठे, तो यह दिखाता है कि वह स्वतंत्रता शुरू से ही

सच्ची नहीं थी। क्योंकि अगर तुम सच में स्वतंत्र होते, तो उसे खोने के लिए कोई कारण ही नहीं होता। जो वस्तु वास्तव में स्वतंत्र है, उसे कभी आश्रित नहीं बनाया जा सकता; अगर वह आश्रित हो सकती है, तो उसकी स्वतंत्रता सिर्फ एक भ्रम थी।

आत्मा की अमरता को तभी सिद्ध किया जा सकता है जब यह माना जाए कि वह अपने स्वभाव से स्वतंत्र है—अर्थात उस पर कोई बाहरी चीज़ असर नहीं डाल सकती। मृत्यु एक बाहरी प्रभाव से उत्पन्न होती है। उदाहरण के लिए, अगर मैं ज़हर पीता हूँ और मर जाता हूँ, तो यह दिखाता है कि मेरे शरीर पर ज़हर जैसे किसी बाहरी कारण का असर हुआ।

लेकिन अगर आत्मा सच में स्वतंत्र है, तो इसका मतलब है कि उसे कोई चीज़ प्रभावित नहीं कर सकती—इसलिए वह कभी मर नहीं सकती। स्वतंत्रता, अमरता और आनंद—ये सभी इस बात पर निर्भर करते हैं कि आत्मा कार्य-कारण और माया के नियमों से परे है।

अब चुनाव करो: या तो तुम स्वतंत्रता को भ्रम मानो, या इस बंधन को। मैं तो बंधन को भ्रम मानूंगा—क्योंकि यही मेरे अनुभवों और भीतर की आकांक्षाओं के ज्यादा करीब है। मुझे पूरा यकीन है कि मैं अपने स्वभाव से स्वतंत्र हूँ, और मैं यह नहीं मान सकता कि बंधन सच है और स्वतंत्रता एक झूठ है।

*

अगर तुम हिम्मत करके कहो कि तुम आज़ाद हो, तो तुम इसी क्षण आज़ाद हो। अगर तुम कहते हो कि तुम बंधे हो, तो बंधे ही रहोगे। यही अद्वैतवाद साहसपूर्वक कहता है। मैंने तुम्हें द्वैतवादियों के विचार बता दिए हैं। तुम जो चाहो, ले सकते हो।

*

गुलामी, चाहे सोने की हो या लोहे की, गुलामी ही होती है—दोनों बराबर बुरी हैं। इससे निकलने का कोई रास्ता है? हाँ, रास्ता है, लेकिन यह मुक्ति पाने का नहीं, अपने स्वभाव को याद करने का प्रश्न है। क्या तुम्हें वास्तव में मुक्ति मिलती है? नहीं, तुम पहले से ही मुक्त हो।

कहते रहो: "मैं मुक्त हूँ।" अगर कभी मन में भ्रम आ भी जाए और कहे "मैं बंधा हूँ," तो घबराओ मत। उस भ्रम को भी सम्मोहित कर दो।

सबसे पहले, इस सत्य को सुनो। बार-बार सुनो। दिन-रात इस पर मनन करो। अपने मन को इस विचार से भर दो: "मैं वही हूँ। मैं ब्रह्मांड का स्वामी हूँ। कोई बंधन कभी था ही नहीं।"

पूरे मन से इस पर तब तक ध्यान करो जब तक दीवारें, घर, शरीर सब जैसे पिघलते न लगें—और बस तुम ही रह जाओ: "मैं अकेला हूँ। मैं ही एक हूँ।"

संघर्ष करते रहो! सोचो, "मुझे फर्क नहीं पड़ता! मैं स्वतंत्र होना चाहता हूँ। मुझे कोई शक्ति नहीं चाहिए। मैं संसार का त्याग करता हूँ, स्वर्ग का भी, नरक का भी। मुझे इनसे क्या लेना-देना? मुझे क्या फर्क पड़ता है कि मन नियंत्रित है या नहीं? वह जैसा है, रहने दो। क्योंकि मैं मन नहीं हूँ!"

*

जब हम खुद को नाम और रूप से, खासकर शरीर से मुक्त कर लेते हैं — जब हमें किसी शरीर की ज़रूरत नहीं रहती, चाहे वह अच्छा हो या बुरा — तभी हम बंधन से पूरी तरह आज़ाद हो सकते हैं। शाश्वत प्रगति वास्तव में एक तरह का शाश्वत बंधन है; इसलिए रूप का अंत ही बेहतर है। हमें हर प्रकार के शरीर से, यहाँ तक कि ईश्वर-शरीर से भी मुक्ति पानी चाहिए। केवल ईश्वर ही असली अस्तित्व है — दूसरा कोई नहीं हो सकता। आत्मा सिर्फ एक है, और मैं वही हूँ।

*

पूरी प्रकृति, हर कण में, एक ही पुकार कर रही है — पूर्ण स्वतंत्रता के लिए। भले ही हम रास्तों को लेकर भ्रमित हों, हमारा हर संघर्ष अंततः स्वतंत्रता की तलाश है। हम न सुख चाहते हैं, न दुख — हम बस स्वतंत्रता चाहते हैं। यही एक लक्ष्य इंसान की कभी न बुझने वाली प्यास का रहस्य है।

*

हर स्तर पर स्वतंत्रता की ओर बढ़ना — यही मनुष्य का सबसे बड़ा लाभ है। अपने को शारीरिक, मानसिक और आध्यात्मिक रूप से मुक्त करना, और दूसरों को भी यह राह दिखाना, मनुष्य का सर्वोच्च कर्तव्य और इनाम है। वे सामाजिक नियम जो इस स्वतंत्रता को रोकते हैं, हानिकारक हैं, और उन्हें समाप्त करने के लिए ठोस कदम उठाए जाने चाहिए। वहीं संस्थाएँ जो स्वतंत्रता को बढ़ावा देती हैं, उन्हें आगे बढ़ाना चाहिए।

*

स्वतंत्रता और अमरता आपस में गहराई से जुड़ी हैं। स्वतंत्र होने के लिए इंसान को प्रकृति के नियमों से ऊपर उठना होगा। जब तक अज्ञान है, कानून हमें बाँधे रखता है; लेकिन जैसे ही ज्ञान आता है, हम समझते हैं कि कानून के भीतर ही स्वतंत्रता छिपी है।

इच्छा कभी स्वतंत्र नहीं हो सकती, क्योंकि वह कारण और परिणाम की गुलाम है। लेकिन इच्छा के पीछे जो "मैं" है, वह स्वतंत्र है — वही आत्मा है। "मैं स्वतंत्र हूँ" — यही जीवन और सृजन का आधार है। और यह स्वतंत्रता ही अमरता है।

*

कर्म करना अनिवार्य है — इससे कोई नहीं बच सकता; लेकिन कर्म को सबसे ऊँचे लक्ष्य के लिए करना चाहिए। कर्म-योग हमें यह सिखाता है कि यह संसार कुछ पल का ही है — हमें इससे होकर ही

गुज़रना है; क्योंकि स्वतंत्रता यहाँ नहीं, बल्कि इसके पार मिलती है।

संसार के बंधनों से निकलने के लिए हमें इसके बीच से ही गुजरना होगा — धीरे-धीरे और निश्चित रूप से। कुछ विरले लोग हो सकते हैं, जो सब कुछ छोड़ एक किनारे खड़े हो जाएँ, जैसे साँप अपनी केंचुल उतार देता है और अलग हो जाता है। ऐसे लोग असाधारण होते हैं। लेकिन बाकी इंसानों को कर्म के मार्ग से होकर ही जाना होगा। कर्म-योग ही हमें बताता है कि यह यात्रा कैसे करें — उसका रहस्य क्या है — और कैसे इससे अधिकतम लाभ लिया जाए। इसका संदेश है: "निरंतर कार्य करो, लेकिन आसक्ति के बिना।"

*

स्वतंत्रता आत्मा का स्वभाव है—यह उसका जन्मसिद्ध अधिकार है। आत्मा की सच्ची स्वतंत्रता, पदार्थ के आवरणों से होकर, मनुष्य की स्पष्ट स्वतंत्रता के रूप में झलकती है।

हर पल आप महसूस करते हैं कि आप स्वतंत्र हैं। एक पल के लिए भी हम बिना यह महसूस किए न जी सकते हैं, न बोल सकते हैं, न साँस ले सकते हैं कि हम स्वतंत्र हैं। लेकिन ज़रा सोचने पर लगता है कि हम तो जैसे मशीन हैं—स्वतंत्र नहीं हैं।

तो फिर सच क्या है? क्या यह स्वतंत्रता सिर्फ एक भ्रम है? कुछ कहते हैं, हाँ, यह भ्रम है। लेकिन कुछ कहते हैं, नहीं—बंधा हुआ होना ही भ्रम है।

यह कैसे संभव है? असली मनुष्य तो स्वतंत्र है, वह बंध ही नहीं सकता। लेकिन जब वह नाम और रूप की इस माया की दुनिया में आता है, तभी वह बंध जाता है।

स्वतंत्र इच्छा—यह एक गलत नाम है। इच्छा कभी स्वतंत्र नहीं हो सकती। कैसे हो सकती है? जब तक मनुष्य बंधा नहीं होता, तब तक

इच्छा उत्पन्न ही नहीं होती। मनुष्य की इच्छा बंधी होती है, लेकिन वह जिससे इच्छा जन्म लेती है—वह तो सदा स्वतंत्र रहता है।

इसलिए, चाहे हम धरती पर हों या स्वर्ग में, चाहे हम इंसानी जीवन जी रहे हों या देवत्व का, बंधे होने के बावजूद हमारे भीतर स्वतंत्रता की स्मृति बनी रहती है—वही स्वतंत्रता जो हमें ईश्वर से मिली है। और हम, जाने-अनजाने, हर क्षण उसी के लिए संघर्ष कर रहे हैं। और जब कोई मनुष्य अपनी पूर्ण स्वतंत्रता पा लेता है, तो फिर कोई नियम या कानून उसे बाँध नहीं सकता। क्योंकि यह ब्रह्मांड, ये सारे नियम—ये उसी के हैं।

*

मैं एक बार भारत के रेगिस्तान में यात्रा कर रहा था। एक महीने से भी ज़्यादा समय तक यात्रा की, और हर दिन मेरे सामने सुंदर नज़ारे, झीलें और आकर्षक दृश्य आते रहे। एक दिन मुझे बहुत प्यास लगी और मैं उन झीलों में से किसी एक से पानी पीना चाहता था। लेकिन जब मैं पास पहुँचा, तो झील गायब हो गई। तभी मेरे मन में यह ख्याल आया कि यह वही मृगतृष्णा है जिसके बारे में मैंने हमेशा पढ़ा था। फिर मुझे अपनी मूर्खता का एहसास हुआ और मैं मुस्कुरा दिया—पिछले एक महीने से जिन भी दृश्यों को मैंने देखा था, वे भी मृगतृष्णा ही थे, लेकिन मैं उन्हें पहचान नहीं पाया था।

अगली सुबह मैंने फिर यात्रा शुरू की। झीलें और दृश्य फिर से थे, लेकिन अब यह विचार तुरंत साथ आया: “यह मृगतृष्णा है।” अब जब मैं जान गया था, तो इस भ्रम ने अपनी शक्ति खो दी थी।

इसी तरह एक दिन यह ब्रह्मांडीय भ्रम भी टूट जाएगा। यह सब मिट जाएगा, घुल जाएगा। यही बोध है।

*

अद्वैत दर्शन के अनुसार, जो भी रूपों का अंतर है, जो घटनाएँ हमें दिखती हैं, वे केवल कुछ समय के लिए मनुष्य के असली स्वरूप को ढँकती हैं—असल में मनुष्य की सच्ची प्रकृति कभी नहीं बदलती। सबसे निम्न कृमि से लेकर सबसे उच्च मनुष्य तक, हर जीव में वही दिव्य प्रकृति मौजूद है। कृमि वह रूप है जहाँ माया ने दिव्यता को पूरी तरह ढक दिया है, और उच्च मनुष्य वह है जहाँ यह दिव्यता सबसे कम ढकी है। हर वस्तु के पीछे वही एक दिव्यता है—यही नैतिकता की जड़ है।

किसी को चोट मत पहुँचाओ। सबको वैसा ही प्रेम करो जैसे स्वयं को करते हो, क्योंकि सारा ब्रह्मांड एक है। जब मैं किसी और को चोट पहुँचाता हूँ, तो असल में मैं खुद को चोट पहुँचा रहा हूँ; जब मैं किसी को प्रेम करता हूँ, तो खुद को प्रेम कर रहा हूँ।

अद्वैत की नैतिकता का सार आत्म-त्याग है। अद्वैतवादी मानता है कि मेरा यह छोटा व्यक्तिगत 'मैं' ही सभी दुखों की जड़ है। यह व्यक्तिगत भावना जो मुझे दूसरों से अलग करती है, वही घृणा, ईर्ष्या, दुःख, संघर्ष और सभी बुराइयाँ लाती है। इसे त्यागना है। हमें इतना समर्पित होना चाहिए कि किसी छोटे जीव के लिए भी जान देने को तैयार रहें। जब कोई व्यक्ति ऐसा कर पाता है, तब वह अद्वैत की पूर्णता को पा लेता है। जैसे ही वह इस त्याग को स्वीकार करता है, उसी क्षण अज्ञान का पर्दा हट जाता है और वह अपने सच्चे स्वरूप को जान लेता है। इस जीवन में ही उसे लगेगा कि वह पूरे ब्रह्मांड के साथ एक हो गया है। कुछ समय के लिए यह सारा दृश्य जगत मानो गायब हो जाएगा, और वह जान जाएगा कि वह वास्तव में क्या है। लेकिन जब तक शरीर का कर्म समाप्त नहीं होता, तब तक वह जीता रहेगा। यह स्थिति, जहाँ आत्मज्ञान के बाद भी जीवन चलता है, जीवनमुक्ति कहलाती है।

*

मन शरीर नहीं है, भले ही वह सूक्ष्म स्तर पर पदार्थ ही हो। वह शरीर से स्थायी रूप से नहीं जुड़ा होता—यह तब साबित होता है जब हम कभी-कभी इससे मुक्त हो जाते हैं। हम इंद्रियों पर नियंत्रण पाकर, अभ्यास से, इसे जानबूझकर कर सकते हैं। जब हम ऐसा पूरी तरह सीख लेते हैं, तो हम ब्रह्मांड पर भी नियंत्रण पा सकते हैं, क्योंकि हमारा संसार वही है जो हमारी इंद्रियाँ हमें दिखाती हैं। स्वतंत्रता ही उच्च सत्ता की असली कसौटी है। आध्यात्मिक जीवन वहीं से शुरू होता है जहाँ तुम खुद को इंद्रियों के वश से मुक्त कर लेते हो। जिसके ऊपर इंद्रियाँ शासन करती हैं, वह सांसारिक है—एक दास है।

अगर हम अपने मन को पूरी तरह तरंगों में विभाजित होने से रोक सकें, तो यह शरीर को भी समाप्त कर देगा। हमने इन शरीरों को बनाने में लाखों वर्षों तक मेहनत की है, और इस प्रयास में हम यह भूल गए कि असली मकसद क्या था—पूर्णता को पाना। अब हम यह मान बैठे हैं कि शरीर बनाना ही अंतिम लक्ष्य है। यही माया है। हमें इस भ्रम को तोड़ना होगा और अपने असली उद्देश्य की ओर लौटना होगा: यह जानना कि हम शरीर नहीं हैं, शरीर हमारा सेवक है।

*

इच्छा की स्वतंत्रता ऐसा अनुभव है जैसे आप कार्य करने के लिए स्वतंत्र हैं। लेकिन यह स्वतंत्रता असल में आवश्यकता की एक ही शाखा है। हर विचार और क्रिया के पहले, बीच में और बाद में एक अनंत श्रृंखला होती है, लेकिन फिर भी हम इसे स्वतंत्रता कहते हैं—जैसे कोई पक्षी किसी उजले कमरे में उड़ता है। हम स्वतंत्रता महसूस करते हैं, मानो उसका कोई और कारण नहीं है। लेकिन हम चेतना से आगे नहीं देख सकते, इसलिए हमें लगता है कि हम स्वतंत्र हैं। असली स्वतंत्रता केवल ईश्वर अनुभव करता है। संत जो ईश्वर से एकता महसूस करते हैं, वे भी यही स्वतंत्रता महसूस करते हैं।

जैसे आप किसी स्रोत से आने वाली धारा को रोककर एक फव्वारे

में इकट्ठा करते हैं और वहीं से वह पानी निकलता है—बस उतनी ही स्वतंत्रता है। पर असली स्रोत नहीं बदलता। हर चीज़ पहले से तय है—और यह भी तय है कि हमें स्वतंत्रता की भावना होगी। जब हम किसी काम को करते हैं, तो हमें लगता है कि हम उसे खुद चुन रहे हैं। यही जिम्मेदारी की भावना है। कोई पूर्ण शक्ति नहीं है—शक्ति तो वह चेतना है जो आवश्यकता के कारण बनी है। जब मनुष्य कहता है "मैं कर रहा हूँ", तो उसका मतलब उस भावना से है। और शक्ति के साथ जिम्मेदारी आती है।

जो कुछ भी पूर्वनिर्धारित है, उसके लिए भी हमें प्रतिक्रिया का अनुभव होता है—जैसे किसी ने गेंद फेंकी और वह खुद को प्रतिक्रिया करते हुए महसूस करे। यह जो स्वतः अनुभव होने वाली आवश्यकता है, जिसे हम स्वतंत्रता मानते हैं, वह हमारे संबंधों को नहीं बदलती। सापेक्षता वही रहती है। या तो सब स्वतंत्र हैं या सब आवश्यकता के अधीन—पर हमारे संबंध, पाप और पुण्य नहीं बदलते।

अगर कोई चोर कहे कि उसे चोरी करने की मजबूरी थी, तो जज कहेगा कि उसे सज़ा देना भी जरूरी था। जैसे हम किसी कमरे में बैठे हों और कमरा घूम रहा हो—हमारे आपसी संबंध वही रहते हैं।

कारण की इस अनंत श्रृंखला से बाहर निकल जाना ही मुक्ति है। मुक्त आत्माएँ आवश्यकता से प्रेरित नहीं होतीं—वे ईश्वर जैसी होती हैं। वे कारण और प्रभाव की श्रृंखला की शुरुआत करती हैं। ईश्वर ही एकमात्र स्वतंत्र प्राणी है—जिसकी इच्छा पहली है—और वह हमेशा उसी रूप में उसे अनुभव करता है।

इच्छा की भावना ही असली प्रार्थना है—न कि शब्द। लेकिन आपको धैर्य रखना होगा और इंतज़ार करना होगा कि क्या आपकी प्रार्थना सुनी गई है या नहीं।

*

वेदांत में संघर्ष की जगह है, लेकिन डर की नहीं। जब तुम अपने स्वभाव को पहचानना शुरू करोगे, तो सारे डर खत्म हो जाएंगे। अगर तुम मानते हो कि तुम बंधे हुए हो, तो बंधन बना रहेगा। लेकिन अगर तुम मानते हो कि तुम स्वतंत्र हो, तो तुम सचमुच स्वतंत्र हो जाओगे।

जब हम प्रत्यक्ष अनुभव में होते हैं, तो जो स्वतंत्रता हमें महसूस होती है, वह असली स्वतंत्रता की एक झलक भर है—पूरी नहीं।

मैं इस विचार से सहमत नहीं कि स्वतंत्रता का अर्थ प्रकृति के नियमों का पालन है। मुझे नहीं लगता कि इसका कोई स्पष्ट अर्थ है। मानव इतिहास दिखाता है कि प्रगति हमेशा प्रकृति के विरोध में हुई है।

हो सकता है कि यह कहा जाए कि निचले नियमों को ऊँचे नियमों के ज़रिये हराया गया। लेकिन उस स्थिति में भी, मानव मन का लक्ष्य सिर्फ़ स्वतंत्र होना था। और जैसे ही उसने समझा कि संघर्ष भी किसी नियम के तहत है, उसने उस नियम को भी जीतने की कोशिश की। हर हालत में आदर्श यही था—पूर्ण स्वतंत्रता।

पेड़ कभी प्रकृति के नियमों का उल्लंघन नहीं करते। मैंने आज तक कोई गाय चोरी करते नहीं देखी। सीप कभी झूठ नहीं बोलती। लेकिन फिर भी, वे इंसान से महान नहीं हैं। जीवन, हर रूप में, स्वतंत्रता का एक ज़बरदस्त दावा है। और जो आज्ञाकारिता कानून के प्रति दिखाई देती है—चाहे वह समाज में हो, राजनीति में हो, या धर्म में—अगर वह बहुत आगे तक चली जाए, तो उसका कोई खास मूल्य नहीं रह जाता।

बहुत सारे कानून होना, मृत्यु का एक निश्चित संकेत है। जहाँ भी समाज में बहुत अधिक कानून हैं, यह संकेत है कि वह समाज जल्द ही खत्म हो जाएगा। अगर आप भारत के इतिहास को देखें, तो पाएंगे कि किसी और राष्ट्र के पास हिंदुओं की तरह इतने ज्यादा कानून नहीं थे—और इसका नतीजा था राष्ट्रीय पतन।

लेकिन हिंदुओं ने धर्म के मामले में एक अनोखी बात की—उन्होंने कभी धर्म को कठोर नियमों और सिद्धांतों में नहीं बाँधा। और यही वजह है कि धर्म का सबसे अधिक विकास भारत में हुआ।

शाश्वत कानून स्वतंत्रता नहीं हो सकता, क्योंकि अगर आप कहते हैं कि स्वतंत्रता शाश्वत कानून के अधीन है, तो आप उसे सीमित कर रहे हैं।

*

किसी कमरे का वातावरण ऐसा सम्मोहित किया जा सकता है कि उसमें आने वाला हर व्यक्ति हवा में उड़ते हुए लोग और चीजें देखे।

असल में, हर कोई पहले से ही सम्मोहित है। स्वतंत्रता पाना, अपने सच्चे स्वरूप को पहचानना, इसी सम्मोहन से बाहर निकलने की प्रक्रिया है।

महत्वपूर्ण बात यह है कि हमें कोई नई शक्ति नहीं मिलती—वे सब पहले से ही हमारे भीतर होती हैं। विकास की पूरी प्रक्रिया इसी वि-सम्मोहन का नाम है।

केवल स्वतंत्रता ही सच्चे नैतिक मूल्य पैदा कर सकती है। अगर केवल कारण और प्रभाव की अनंत श्रृंखला ही होती, तो निर्वाण संभव नहीं होता। निर्वाण का अर्थ ही है उस "मैं" का लोप, जो इस श्रृंखला से बंधा हुआ लगता है। यही है स्वतंत्रता—कार्य-कारण से परे जाना।

हम जो कुछ भी अपने चारों ओर देखते हैं, सब कुछ स्वतंत्रता की ओर संघर्ष कर रहा है—चाहे वह परमाणु हो या मनुष्य, चाहे वह अचेतन कण हो या मानव आत्मा। पूरा ब्रह्मांड स्वतंत्रता के लिए इस संघर्ष का परिणाम है।

हर संयोजन में, हर कण अपने ही रास्ते पर आगे बढ़ना चाहता है,

दूसरों से दूर भागना चाहता है, लेकिन बाकी कण उसे रोकते हैं। पृथ्वी सूर्य से दूर भागना चाहती है, और चंद्रमा पृथ्वी से। हर चीज में फैलने की प्रवृत्ति है।

जो कुछ हम ब्रह्मांड में देखते हैं, वह स्वतंत्रता की ओर इसी प्रयास का नतीजा है। इसी प्रवृत्ति की वजह से संत प्रार्थना करता है और डाकू चोरी करता है। जब यह प्रयास गलत दिशा में जाता है, तो हम उसे बुरा कहते हैं; जब वह ऊँचाई की ओर जाता है, तो उसे अच्छा कहते हैं। लेकिन दोनों में प्रेरणा एक ही होती है—स्वतंत्रता।

संत अपने बंधन के ज्ञान से दुखी होता है और उससे मुक्ति चाहता है, इसलिए वह ईश्वर की पूजा करता है। डाकू को लगता है कि उसके पास कुछ नहीं है, इसलिए वह उस कमी से छुटकारा पाने के लिए चोरी करता है।

प्रकृति में हर चीज का लक्ष्य स्वतंत्रता है—चाहे वह चेतन हो या अचेतन। सब कुछ, किसी न किसी रूप में, उसी दिशा में संघर्ष कर रहा है।

संत जिस स्वतंत्रता की तलाश करता है, वह डाकू की तलाश से पूरी तरह अलग है—संत की स्वतंत्रता उसे अनंत और अवर्णनीय आनंद की ओर ले जाती है, जबकि डाकू की चाहत उसे और अधिक बंधनों में डाल देती है।

बंधन और स्वतंत्रता, प्रकाश और छाया, अच्छाई और बुराई — ये सब साथ-साथ मौजूद रहेंगे। लेकिन बंधन का होना यह भी दिखाता है कि उसमें कहीं न कहीं स्वतंत्रता भी छिपी है। अगर एक चीज़ सच है, तो दूसरी भी उतनी ही सच है। इसलिए स्वतंत्रता का विचार मौजूद रहना ही चाहिए।

हालाँकि हम यह नहीं देख पाते कि अशिक्षित व्यक्ति के भीतर बंधन का विचार ही उसके स्वतंत्र होने की कोशिश है, फिर भी यह विचार उसके भीतर होता जरूर है।

अशिक्षित और जंगली व्यक्ति के लिए पाप या अशुद्धता का बंधन उसके चेतन अनुभव में बहुत छोटा होता है, क्योंकि उसका स्वभाव अभी पशु के स्तर से थोड़ा ही ऊपर होता है। वह जिस बंधन के खिलाफ संघर्ष करता है, वह है भौतिक जरूरतें — जैसे भूख, सुरक्षा, आराम।

लेकिन इसी निम्न स्तर की चेतना से धीरे-धीरे उच्चतर चेतना विकसित होती है — मानसिक और नैतिक बंधनों की समझ, और उससे आगे बढ़कर आत्मिक स्वतंत्रता की गहरी इच्छा।

यहाँ, हम अज्ञान के पर्दे से ढके हुए ईश्वर को थोड़ा-थोड़ा चमकते हुए देखते हैं। शुरू में यह पर्दा बहुत घना होता है और प्रकाश लगभग दिखाई नहीं देता, लेकिन वह वहाँ है — हमेशा शुद्ध, अप्रभावित — स्वतंत्रता और पूर्णता की तेज अग्नि की तरह।

मनुष्य इस ईश्वर को एक शक्तिशाली, स्वतंत्र शासक के रूप में देखता है। वह अभी यह नहीं जानता कि ईश्वर और ब्रह्मांड अलग नहीं हैं — दोनों एक ही हैं। फर्क केवल दृष्टिकोण और समझ की गहराई में है।

स्वतंत्रता ही लक्ष्य है

हमारी सबसे बड़ी समस्या है — मुक्ति पाना। जब तक हम अपने आप को परमात्मा के रूप में नहीं पहचानते, तब तक मुक्ति संभव नहीं। लेकिन इस पहचान तक पहुँचने के कई रास्ते हैं। इन सभी रास्तों को मिलाकर जो नाम दिया गया है, वह है "योग" — जिसका अर्थ है जुड़ना, खुद को अपनी असली प्रकृति से जोड़ना।

हालाँकि योग के कई प्रकार हैं, फिर भी मुख्य रूप से उन्हें चार भागों में बाँटा जा सकता है। क्योंकि ये सब अलग-अलग स्वभाव वाले लोगों के लिए बनाए गए हैं और अलग-अलग तरीकों से परम की ओर ले जाते हैं।

यह बात याद रखने योग्य है कि आत्मा को जाकर परमात्मा में कुछ बनना नहीं है। आत्मा पहले से ही मुक्त है, पूर्ण है। केवल अज्ञान ने उसके स्वरूप को ढक दिया है। उस अज्ञान को हटाना ही मुक्ति है।

इसलिए योग की सभी प्रणालियाँ — और हर धर्म किसी न किसी योग को दर्शाता है — इसी अज्ञान को मिटाने की प्रक्रिया हैं, जिससे आत्मा अपनी असली स्थिति को फिर से पहचान सके।

इस मुक्ति को पाने के दो सबसे अहम सहायक हैं: अभ्यास और वैराग्य।

1. वैराग्य का अर्थ है — जीवन के सुखों से अनासक्ति, क्योंकि भोग की चाह ही बंधन की जड़ है।

2. अभ्यास का अर्थ है — किसी एक योग पथ का लगातार और नियमित अभ्यास।

यही योग का सार है — अज्ञान को हटाना और आत्मा को उसकी स्वतंत्रता में फिर से स्थित करना।

*

प्रेम ही ईश्वर है, स्वतंत्रता ही ईश्वर है; और जहाँ भी बंधन है, वहाँ ईश्वर नहीं है।

मनुष्य में पहले से ही स्वतंत्रता मौजूद है, लेकिन उसे उसे खोजकर पहचानना होता है। यह स्वतंत्रता उसके पास है, फिर भी वह हर क्षण उसे भूलता रहता है। यही खोज — चाहे वह जान-बूझकर हो या अनजाने में — हर किसी के पूरे जीवन की कहानी है।

फर्क बस इतना है कि ऋषि इस खोज को पूरी जागरूकता के साथ करता है, जबकि अज्ञानी इसे अनजाने में करता है। हर कोई किसी न किसी तरह स्वतंत्रता की ओर ही बढ़ रहा है — परमाणु से लेकर तारे तक।

अज्ञानी तब संतुष्ट हो जाता है जब वह कुछ सीमित स्वतंत्रता पा ले — जैसे भूख या प्यास से मुक्ति।

लेकिन ऋषि जानता है कि एक और भी गहरा बंधन है, जिसे तोड़ना जरूरी है। इसलिए वह किसी बाहरी आज़ादी, जैसे रेड इंडियन की स्वतंत्रता को भी असली स्वतंत्रता नहीं मानता।

*

हमारे दार्शनिकों के अनुसार, स्वतंत्रता ही अंतिम लक्ष्य है। ज्ञान लक्ष्य नहीं हो सकता, क्योंकि ज्ञान शक्ति और स्वतंत्रता का मिश्रण है — और केवल स्वतंत्रता ही सच में वांछनीय है। यही वह चीज है जिसके लिए हर मनुष्य संघर्ष करता है।

केवल शक्ति होना पर्याप्त नहीं है, क्योंकि वह अपने आप में ज्ञान नहीं बनती। उदाहरण के लिए, एक वैज्ञानिक बिजली का झटका कुछ मील दूर भेज सकता है, लेकिन प्रकृति वह झटका अनंत दूरी तक भेज सकती है।

तो फिर हम प्रकृति की पूजा क्यों नहीं करते? क्योंकि हमें केवल नियमों की जानकारी नहीं चाहिए, हमें उन्हें तोड़ने की शक्ति चाहिए। हम सिर्फ नियमों से बंधे रहना नहीं चाहते — हम उन्हें पार करना चाहते हैं। यदि आप केवल नियमों के अधीन हैं, तो आप मिट्टी के पुतले की तरह हैं। प्रश्न यह नहीं है कि क्या आप वास्तव में कानून से परे हैं, बल्कि यह विचार ही कि आप नियमों से परे जा सकते हैं — इसी पर पूरी मानवता का इतिहास आधारित है।

उदाहरण के लिए, एक अनपढ़ व्यक्ति जंगल में रहता है और शिक्षा से अनजान है। वह देखता है कि एक पत्थर नीचे गिरता है और सोचता है कि यह स्वतंत्र इच्छा से गिरा है। वह मानता है कि उसमें आत्मा है, क्योंकि उसका मूल विचार स्वतंत्रता है।

लेकिन जैसे ही वह जानता है कि पत्थर को गिरना ही था, वह इसे एक नियम मानता है — एक यांत्रिक प्रक्रिया। इंसान की गरिमा इस बात में है कि वह निर्णय ले सकता है: मैं इस सड़क पर जा सकता हूँ या नहीं भी जा सकता। यदि मुझे लगे कि जाना अनिवार्य है, तो मैं खुद को केवल एक मशीन बना लूँगा।

प्रकृति, चाहे कितनी भी शक्तिशाली क्यों न हो, एक मशीन है। केवल स्वतंत्रता ही सचेतन जीवन को जन्म देती है। वेदांत कहता है कि जंगल में रहने वाले उस व्यक्ति की मूल झलक सही है — वह स्वतंत्रता की अनुभूति करता है — लेकिन उसकी व्याख्या गलत है, क्योंकि वह प्रकृति को स्वतंत्र मानता है, न कि नियमों से संचालित।

क्रिया में जब बार-बार एक जैसी स्थिति होती है, तो हम उसे "कानून" कहते हैं। लेकिन मैं देखता हूँ कि मेरे कार्यों में यह एकरूपता केवल थोड़े समय के लिए रहती है—जल्द ही टूट जाती है। इसलिए मैं अपने कार्यों को पूरी तरह किसी नियम के अधीन नहीं मानता। मैं खुद को स्वतंत्र मानता हूँ। उदाहरण के लिए, मैं पाँच मिनट चलता हूँ; इन पाँच मिनटों में चलना एकसमान हो सकता है, लेकिन उससे पहले एक इच्छा थी, जिसने यह चलना शुरू कराया। यही वजह है कि

मनुष्य कहता है कि वह स्वतंत्र है—क्योंकि उसके कार्यों को छोटे-छोटे समयखंडों में बाँटा जा सकता है। इन समयखंडों में समानता हो सकती है, पर हर समयखंड के बाद चीजें बदलती हैं। इसी बदलाव की भावना में ही स्वतंत्रता का विचार छिपा है।

प्रकृति में हम लंबे समय तक चलने वाली समानता को देखते हैं, लेकिन हर चीज की शुरुआत और अंत स्वतंत्रता के किसी आवेग से ही होती है। शुरुआत में बस एक स्वतंत्र आवेग दिया गया था—और वही आगे क्रिया बनकर चलता जाता है। लेकिन ये अवधियाँ हमारी तुलना में बहुत लंबी हैं, इसलिए हमें भ्रम हो सकता है।

अगर हम दार्शनिक रूप से सोचें, तो पता चलता है कि हम पूरी तरह स्वतंत्र नहीं हैं। फिर भी हमारे भीतर यह भाव रहता है कि हम स्वतंत्र हैं। हमें समझना होगा कि यह विचार आता कहाँ से है। इसकी वजह यह है कि हमारे भीतर दो प्रवृत्तियाँ हैं: तर्क बताता है कि सब कुछ कारण से होता है, लेकिन हर क्रिया के समय हम महसूस करते हैं कि हम स्वतंत्र हैं।

वेदांत इसका उत्तर यह देता है: हमारे भीतर आत्मा वास्तव में स्वतंत्र है, लेकिन वह आत्मा जब शरीर और मन के ज़रिये कार्य करती है, तो वह स्वतंत्र नहीं रह जाती। जैसे ही हम प्रतिक्रिया करने लगते हैं, हम बँध जाते हैं। उदाहरण के लिए, कोई मुझे दोषी ठहराता है और मैं तुरंत गुस्से से प्रतिक्रिया करता हूँ—तो उसकी छोटी-सी बात ने मुझे गुलाम बना दिया। इसलिए हमें प्रतिक्रिया नहीं करनी चाहिए, बल्कि अपनी आंतरिक स्वतंत्रता को प्रकट करना चाहिए।

*

प्रकृति में हर चीज नियम के अनुसार चलती है—कोई अपवाद नहीं है। चाहे वह मन हो या बाहरी जगत, सब कुछ नियमों के अधीन है और कार्य-कारण से संचालित होता है। मन की स्वतंत्रता एक भ्रम है, क्योंकि जब मन भी नियमों से बँधा है, तो वह कैसे मुक्त हो सकता है?

कर्म भी कार्य-कारण का ही नियम है। लेकिन हमारा लक्ष्य है—मुक्त होना। हम पहले से ही स्वतंत्र हैं, बस हमें इसका बोध करना है। हमें हर प्रकार की गुलामी से बाहर निकलना होगा, हर बंधन को तोड़ना होगा—पृथ्वी से, पृथ्वी की वस्तुओं से, और यहाँ तक कि स्वर्ग और आनंद की कल्पनाओं से भी।

हमारी इच्छाएँ ही हमें बाँधती हैं—चाहे यह धरती से हों या ईश्वर, स्वर्ग और देवताओं से। पर गुलामी, किसी के भी अधीन क्यों न हो, गुलामी ही है। इसलिए स्वर्ग का विचार भी त्याग देना चाहिए। मृत्यु के बाद के स्वर्ग की धारणा, जहाँ अच्छे लोग अनंत सुख में रहते हैं, एक भ्रम है—जिसमें कोई ठोस अर्थ नहीं है।

जहाँ भी सुख होगा, वहाँ दुःख भी अवश्य आएगा—यह निश्चित है। हर क्रिया की प्रतिक्रिया होती है। इसलिए मुक्ति का सही अर्थ है—हर चीज़ से आज़ादी: सुख-दुख से, अच्छाई-बुराई से। इससे भी आगे बढ़कर, हमें मृत्यु से मुक्त होना होगा। और मृत्यु से मुक्त होने के लिए, हमें जीवन से भी परे जाना होगा। जीवन केवल मृत्यु का एक स्वप्न है। जहाँ जीवन है, वहाँ मृत्यु भी है। इसलिए अगर आप मृत्यु से मुक्त होना चाहते हैं, तो जीवन के मोह से बाहर आना होगा।

हम सदा से मुक्त हैं—अगर हम सिर्फ विश्वास करें। आप आत्मा हैं—स्वतंत्र, शाश्वत, सदा मुक्त और आनंदमय। बस इतना विश्वास चाहिए, और आप पल भर में मुक्त हो सकते हैं।

समय, स्थान और कारण—इन तीनों से सब कुछ बंधा होता है। लेकिन आत्मा इन सबसे परे है। जो कुछ भी बंधा है, वह प्रकृति है—not आत्मा। इसलिए अपनी स्वतंत्रता को जानिए, उसे स्वीकार कीजिए, और वही बनिए जो आप वास्तव में हैं—सदा से मुक्त, सदा से आनंदमय।

समय, स्थान और कारण को ही माया कहा गया है।

*

सभी प्रकृति का लक्ष्य स्वतंत्रता है, और स्वतंत्रता केवल पूर्ण निःस्वार्थता से ही प्राप्त की जा सकती है; प्रत्येक विचार, शब्द या कर्म जो निःस्वार्थ है, हमें लक्ष्य की ओर ले जाता है, और इसलिए, इसे नैतिक कहा जाता है। आप पाएंगे कि यह परिभाषा हर धर्म और नैतिकता की हर प्रणाली में सही है।.

सभी बंधनों का अंत

कोई भी मानव सभ्यता ऐसी नहीं रही जिसमें कोई धर्म न रहा हो या जिसमें किसी न किसी रूप में ईश्वर या देवताओं की पूजा न हुई हो। इस बात से फर्क नहीं पड़ता कि ईश्वर या देवता सच में मौजूद हैं या नहीं—प्रश्न यह है कि यह मनोवैज्ञानिक अनुभव कैसे समझा जाए?

पूरी दुनिया क्यों ईश्वर को खोज रही है? क्यों हर व्यक्ति, हर समाज ईश्वर या किसी अलौकिक शक्ति की तलाश करता है?

इसलिए, क्योंकि हम चाहे जितनी भी बाहरी शक्तियों और नियमों से बंधे हों, चाहे प्रकृति और उसके कानून हमें हर ओर से जकड़े हुए हों—फिर भी हमारी आत्मा अपनी स्वतंत्रता को कभी नहीं भूलती। यह स्वतंत्रता की तलाश ही हर धर्म का मूल है, चाहे धर्म इस बात को पहचानता हो या नहीं, समझाता हो या नहीं।

सबसे साधारण, सबसे अज्ञानी व्यक्ति भी एक ऐसी शक्ति की कल्पना करता है जो प्रकृति के नियमों से ऊपर हो। वह किसी ऐसी शक्ति की खोज करता है—चाहे वह भूत, दानव या देवता हो—जो उन नियमों को तोड़ सके जो सबको बाँधते हैं। उसका दिल पुकारता है: “कोई तो हो जो इन नियमों को तोड़ सके!”

हम हमेशा किसी ऐसे को खोजते हैं जो कानूनों का उल्लंघन कर सके। जैसे, एक इंजन रेल की पटरियों पर तेजी से दौड़ता है—यह मशीन पूरी ताकत से काम करती है, पर हमेशा नियमों के अनुसार। वहीं, एक छोटा कीड़ा जब इंजन की ओर आता है, तो वह उससे बचने की कोशिश करता है। और हम कहते हैं—कीड़ा जीवित है, इंजन नहीं। क्योंकि कीड़ा नियमों से बाहर निकलने की कोशिश करता है, अपनी स्वतंत्रता दिखाता है।

इसी प्रयास में, कि वह खुद को प्रकट कर सके, कीड़ा आने वाले ईश्वर की संभावना बन जाता है। हम हर जगह इस आत्मा की स्वतंत्रता के

संकेत देखते हैं। हर धर्म में ईश्वर या देवता इस विचार के प्रतीक हैं, लेकिन ये सभी अभी भी बाहर की चीज़ें हैं—उन लोगों के लिए जो ईश्वर को बाहरी शक्ति मानते हैं।

मनुष्य ने एक समय सोचा कि वह स्वयं कुछ नहीं है, कि वह कभी स्वतंत्र नहीं हो सकता। इसलिए उसने ऐसी शक्ति की खोज शुरू की जो प्रकृति से ऊपर हो। पहले उसने कई शक्तियाँ मानीं, फिर धीरे-धीरे उन्हें मिलाकर एक सर्वोच्च ईश्वर की कल्पना की—देवताओं का देवता, प्रभुओं का प्रभु।

यह भी उसे पूरी तरह संतुष्ट नहीं कर सका। वह सत्य के और करीब आया, थोड़ा-थोड़ा करके। फिर उसे यह समझ में आने लगा कि वह, भले ही खुद को बंधा हुआ और कमजोर समझता हो, किसी तरह से उस देवताओं के देवता और प्रभुओं के प्रभु से जुड़ा हुआ है। इसके बाद उसे अनुभव होने लगे, विचार उभरे और ज्ञान बढ़ता गया। वह ईश्वर के और पास आता गया, और अंततः यह जान गया कि ईश्वर और सारे देवता—सभी उसकी एक ही खोज का हिस्सा थे: एक सर्वशक्तिमान, स्वतंत्र आत्मा की तलाश। लेकिन वह तलाश वास्तव में उसके अपने ही मन का प्रतिबिंब थी।

और तब उसे यह अहसास हुआ कि यह केवल यह सच नहीं था कि "ईश्वर ने मनुष्य को अपनी छवि में बनाया", बल्कि यह भी उतना ही सच था कि मनुष्य ने ईश्वर को अपनी छवि में गढ़ा। यही वह क्षण था जब उसे दिव्यता की वास्तविक स्वतंत्रता का बोध हुआ—कि वह शक्ति, जिसे वह हमेशा बाहर खोजता रहा, असल में उसके भीतर थी, उसके सबसे करीब।

वह कहानी याद कीजिए जिसमें एक व्यक्ति ने अपने दिल की धड़कन को किसी के दरवाजे पर दस्तक समझ लिया। वह दरवाज़ा खोलकर देखता है—कोई नहीं होता। दोबारा वही होता है। अंत में वह समझता है कि यह उसकी अपनी धड़कन थी, जिसे वह बाहरी दस्तक समझ रहा था।

ठीक उसी तरह, मनुष्य भी जब खोज करता है, तो पाता है कि जिस अनंत स्वतंत्रता को वह हमेशा बाहर खोजता रहा, वह तो उसके भीतर ही थी—वही शाश्वत आत्मा। यही उसकी सच्ची पहचान है।

इस अनुभव से वह अस्तित्व के महान द्वैत को समझता है: कि विषय और वस्तु, सीमित और अनंत, एक ही हैं। अनंत सत्ता सीमित रूपों में प्रकट होती है, जैसे कि बुद्धि के जाल में फंसी हो, लेकिन वह स्वयं कभी नहीं बदलती।

यही सच्चा ज्ञान है—कि हमारे भीतर जो आत्मा है, वही असली वास्तविकता है। वही शाश्वत है, आनंदमय है, मुक्त है। यही एकमात्र ठोस आधार है जिस पर हम खड़े हो सकते हैं।

यही मृत्यु का अंत है, अमरता की शुरुआत है, दुखों का अंत है। और केवल वही जो इस एक को सबमें देखता है, जो इस परिवर्तनशील ब्रह्मांड में उस अपरिवर्तनीय सत्य को देखता है, और जो उसे अपनी आत्मा की आत्मा के रूप में पहचानता है—वही शाश्वत शांति को प्राप्त करता है। किसी और को नहीं।

ईश्वर में आस्था

एक आदमी में केवल आस्था ही नहीं, बल्कि सोच-समझकर की गई आस्था होनी चाहिए। किसी से यह कहना कि वह हर बात पर आंख मूंदकर विश्वास करे, उसे पागल बना देने जैसा है। एक बार मुझे एक किताब भेजी गई जिसमें लिखा था कि मुझे उसमें कही हर बात को सच मानना चाहिए। उसमें यह भी कहा गया था कि आत्मा जैसी कोई चीज़ नहीं है, लेकिन स्वर्ग में देवी-देवता रहते हैं और हमारे हर सिर से स्वर्ग तक एक प्रकाश की किरण जाती है! इस सबका लेखिका को कैसे पता चला? वह खुद को प्रेरित मानती थी और चाहती थी कि मैं भी इस पर विश्वास करूं। जब मैंने मना किया, तो उसने कह दिया, "तुम बहुत बुरे आदमी हो, तुम्हारे लिए कोई उम्मीद नहीं है!" यह कट्टरता है।

*

कभी मत कहो कि मनुष्य कमजोर है। ज्ञान का मार्ग प्रेम से बेहतर नहीं है। प्रेम ही आदर्श है और इसके लिए किसी चीज़ की ज़रूरत नहीं होती। प्रेम ही ईश्वर है। इसलिए भक्ति से भी हम उसी ईश्वर तक पहुँचते हैं। मैं वही हूँ!

जब तक कोई व्यक्ति किसी शहर, देश, जानवर या ब्रह्मांड से प्रेम नहीं करता, वह कैसे कार्य कर सकता है? तर्क हमें विविधता में एकता खोजने की ओर ले जाता है। नास्तिक और अज्ञेयवादी भी सामाजिक भलाई के लिए काम करें—यही रास्ता ईश्वर की ओर जाता है।

लेकिन सावधान रहो: किसी की आस्था को परेशान मत करो। धर्म सिद्धांतों में नहीं होता। धर्म होना, बनना और अनुभव करना होता है।

हर इंसान मूर्तिपूजक पैदा होता है। सबसे नीचे का व्यक्ति जानवर के करीब होता है, सबसे ऊपर का पूर्णता के करीब। इन दोनों के बीच

सभी को ध्वनि, रंग, सिद्धांत और अनुष्ठानों के ज़रिए सोचने की ज़रूरत होती है।

मूर्तिपूजक न होने की पहचान यह है: "जब तुम 'मैं' कहते हो, तो क्या तुम्हें शरीर याद आता है?" अगर हाँ, तो तुम अभी भी मूर्तिपूजक हो।

धर्म कोई बौद्धिक खेल नहीं, बल्कि अनुभव है। अगर तुम ईश्वर के बारे में सोचते हो, तो यह केवल भ्रम है। एक अज्ञानी व्यक्ति भी प्रार्थना और भक्ति के ज़रिए दर्शनशास्त्री से आगे बढ़ सकता है। ईश्वर को जानने के लिए दर्शन की आवश्यकता नहीं। हमारा कर्तव्य है कि हम किसी की आस्था को न तोड़ें। धर्म अनुभव है। सबसे ऊपर, सच्चे रहो। पहचान दुख लाती है क्योंकि यह इच्छा लाती है। जैसे एक गरीब आदमी सोना देखकर खुद को उससे जोड़ लेता है। बस साक्षी बनो। प्रतिक्रिया न करना सीखो।

*

प्रेरणा का कोई बाहरी प्रमाण नहीं होता—हम इसे भीतर से जानते हैं। गलतियों से बचाने वाला हमारा रक्षक है तर्क की आवाज। हर धर्म तर्क से आगे जाता है, लेकिन वहाँ तक पहुंचने का रास्ता तर्क ही है।

वृत्ति बर्फ जैसी है, तर्क पानी जैसा, और प्रेरणा वाष्प की तरह—ये एक-दूसरे के बाद आते हैं। हर जगह यही क्रम है: अचेतनता, चेतना, बुद्धि; पदार्थ, शरीर, मन। हमें अक्सर लगता है कि यह प्रक्रिया वहीं से शुरू हुई जहाँ से हमने उसे जाना।

दोनों पक्षों के तर्क बराबर हैं और दोनों ही सच हैं। इसलिए हमें उनसे भी आगे बढ़ना होगा, उस स्थिति तक जहाँ न यह है, न वह। ये सब माया के रूप हैं।

धर्म तर्क से परे है, वह अलौकिक है। आस्था अंधविश्वास नहीं, बल्कि परम को थामे रखने की शक्ति है—एक प्रकाश है। पहले सुनो, फिर

तर्क करो, और समझो कि आत्मा पर तर्क क्या कहता है। तर्क की बाढ़ को बहने दो—और जो बचता है, वही लो।

अगर कुछ नहीं बचा, तो अच्छा है—कम से कम अंधविश्वास से बचे। लेकिन अगर आत्मा हर परीक्षा में सच्ची साबित होती है, तो उस पर डटे रहो और दूसरों को भी सिखाओ। सत्य किसी एक का नहीं होता, यह सभी के लिए है।

फिर ध्यान में शांत हो जाओ, मन को उसी में लगाओ, खुद को उसमें एक कर दो। तब बोलने की ज़रूरत नहीं—मौन ही सत्य को प्रकट करेगा।

बातों में अपनी शक्ति मत गंवाओ—मौन में ध्यान करो। बाहर की भीड़ को खुद पर हावी मत होने दो। जब मन ऊँचाई पर होता है, तो तुम दुनिया से अचेतन हो जाते हो। मौन में शक्ति संचित करो और आत्मिक ऊर्जा का केंद्र बनो।

भिखारी कुछ नहीं दे सकता—सिर्फ राजा ही दे सकता है, और वह भी तभी जब उसे खुद कुछ न चाहिए।

*

मेहनत करते रहो, डटे रहो और भगवान पर भरोसा रखो। अपने काम में लग जाओ।

तुम बीमारी को पहचानते हो, इलाज भी जानते हो—अब सिर्फ विश्वास रखो।

उन लोगों की ओर मत देखो जो खुद को अमीर या महान समझते हैं;

निर्दयी बुद्धिजीवियों और उनके बेरहम अखबारी लेखों की परवाह मत करो।

ईश्वर के साथ एकता

विज्ञान स्वतंत्रता से पैदा हुआ है, और इसमें दो तरह के विचार होते हैं—एक नकारात्मक और आलोचनात्मक, दूसरा सकारात्मक और रचनात्मक। यह अजीब बात है कि हर समाज में दोनों मिलते हैं। जब भी किसी समाज में कोई बुराई होती है, एक समूह तुरंत उभर आता है जो गुस्से में उसकी आलोचना करता है—यह अक्सर कट्टरता में बदल जाता है। हर समाज में कट्टरपंथी होते हैं, और महिलाएं अपने भावनात्मक स्वभाव के कारण अक्सर इन आवाज़ों में शामिल हो जाती हैं। जो भी कट्टरपंथी खड़ा होता है और कुछ की आलोचना करता है, उसे अनुयायी मिल जाते हैं। चीजें तोड़ना आसान है—कोई भी पागल आदमी कुछ भी तोड़ सकता है—लेकिन बनाना बहुत कठिन है। ये कट्टरपंथी अपनी समझ के अनुसार कुछ अच्छा कर सकते हैं, लेकिन वे ज़्यादा नुकसान पहुंचाते हैं। क्योंकि सामाजिक संस्थाएं एक दिन में नहीं बनतीं, और उन्हें बदलने का मतलब है उनके कारणों को हटाना। अगर कोई बुराई है, तो सिर्फ उसकी निंदा करने से वह खत्म नहीं होती। पहले उसकी जड़ को समझो, फिर उसे हटाओ—तभी उसका अंत होगा। केवल शोर मचाने से कुछ नहीं होता, जब तक कि वह नया संकट न खड़ा कर दे।

*

कुछ लोग ऐसे भी थे जिनके हृदय में गहरी सहानुभूति थी और जो यह समझते थे कि किसी समस्या का समाधान उसकी जड़ तक जाकर ही किया जा सकता है—ये वही महान संत थे। एक बात हमेशा याद रखनी चाहिए कि दुनिया के सभी बड़े शिक्षकों ने कहा है कि वे विनाश के लिए नहीं, बल्कि पूर्ति के लिए आए हैं। कई बार उनकी बात को समझा नहीं गया और उनके धैर्य को लोगों ने गलत समझा—यह सोच लिया कि वे लोकप्रिय राय से डरकर समझौता कर रहे हैं। आज भी कुछ लोग कहते हैं कि ये पैगंबर और शिक्षक

डरपोक थे और जो सही था, उसे कहने और करने की हिम्मत नहीं रखते थे। लेकिन यह सही नहीं है। कट्टरपंथी इन महान आत्माओं की उस गहरी करुणा को नहीं समझ पाते, जो वे हर व्यक्ति में अपने बच्चे जैसा देखते थे। वे सच्चे पिता थे, सच्चे भगवान, जिनमें सभी के लिए असीम सहानुभूति और धैर्य था। वे सहन करने के लिए तैयार थे। वे जानते थे कि समाज को कैसे विकसित करना है, और उन्होंने शांति, समझ और धैर्य के साथ धीरे-धीरे अपने उपायों को लागू किया—कभी निंदा या डर के माध्यम से नहीं, बल्कि प्रेम और दया के साथ, एक-एक कदम बढ़ाते हुए।

उपनिषदों के लेखक भी ऐसे ही थे। वे जानते थे कि उस समय के पुराने ईश्वर-सम्बंधी विचार अब की नैतिक समझ के अनुरूप नहीं थे। वे यह भी समझते थे कि नास्तिकों की बातों में बहुत सारा सत्य था—कई महत्वपूर्ण बातें थीं। फिर भी, वे यह भी जानते थे कि जो लोग सामाजिक ढांचे को तोड़कर एकदम नया समाज बनाना चाहते हैं, वे असफल होंगे। क्योंकि हम कभी पूरी तरह नया निर्माण नहीं करते, केवल स्थान और रूप बदलते हैं। नया कुछ नहीं होता—हम बस चीजों को पुनर्व्यवस्थित करते हैं। बीज धीरे-धीरे और कोमलता से वृक्ष बनता है; हमें भी सत्य की ओर अपनी ऊर्जा ले जानी चाहिए और जो सत्य मौजूद है, उसे ही आगे बढ़ाना चाहिए—न कि कोई नया सत्य गढ़ने की कोशिश करनी चाहिए। इसी सोच से, जब ऋषियों ने देखा कि पुराने ईश्वर-सम्बंधी विचार आधुनिक युग के लिए अनुपयुक्त लगते हैं, तो उन्होंने उन्हें नकारा नहीं, बल्कि उनमें छिपी गहराई और सच्चाई की खोज की। इसी से वेदांत दर्शन पैदा हुआ। पुराने देवताओं और एक सर्वशक्तिमान ईश्वर की धारणा से आगे बढ़कर, उन्होंने एक और ऊँचा विचार पाया—निराकार, निरपेक्ष, सर्वव्यापी सत्ता। उन्होंने ब्रह्मांड में एकता की खोज की। जो व्यक्ति इस विविध संसार में एक को देखता है, इस मृत्यु के संसार में एक अनंत जीवन को पहचानता है, और अज्ञान के बीच एकमात्र प्रकाश को जानता है—उसे ही शाश्वत शांति मिलती है। किसी और को नहीं।

*

प्राचीन समय में लोग जानते थे कि अग्नि चकमक पत्थर और सूखी लकड़ी में छिपी होती है, लेकिन उसे बाहर लाने के लिए घर्षण ज़रूरी था। इसी तरह, स्वतंत्रता और पवित्रता की यह अग्नि आत्मा का स्वभाव है—यह कोई सीखी या जोड़ी गई चीज़ नहीं है। क्योंकि गुण जोड़े जा सकते हैं और खो भी सकते हैं, लेकिन आत्मा का स्वभाव स्थायी है। आत्मा स्वतंत्रता, अस्तित्व और ज्ञान के साथ एक है। सत्-चित्-आनंद—अस्तित्व, चेतना और परमानंद—आत्मा की मूल प्रकृति है, और यह उसका जन्मसिद्ध अधिकार है। हम जो कुछ भी दुनिया में अनुभव करते हैं—जन्म, मृत्यु, जीवन, हानि, पतन, उन्नति—वे सभी उसी एक सच्चाई की अभिव्यक्तियाँ हैं, जो कभी हल्के, कभी तेज़ रूप में प्रकट होती हैं। यहाँ तक कि मृत्यु भी उस वास्तविक अस्तित्व का एक रूप है।

ज्ञान, चाहे वह अज्ञान के रूप में प्रकट हो या स्पष्ट रूप से, उसी चित् की अभिव्यक्ति है—वह चेतना जो ज्ञान का स्रोत है। अंतर केवल मात्रा में होता है, प्रकृति में नहीं। हमारे पैरों के नीचे रेंगने वाले सबसे छोटे कीड़े से लेकर दुनिया के महानतम प्रतिभाशाली व्यक्ति तक—इनके ज्ञान में अंतर सिर्फ स्तर का है, प्रकार का नहीं। वेदांत में यह साहसिक रूप से कहा जाता है कि हर प्रकार का सुख — सबसे साधारण सुख भी—उसी एक दिव्य आनंद की अभिव्यक्तियाँ हैं, जो आत्मा का मूल सार है।

*

हम एक ऐसे ईश्वर में विश्वास करते हैं जो हम सभी का पिता है—सर्वव्यापी, सर्वशक्तिमान—और जो हमें असीम प्रेम से मार्गदर्शित और सुरक्षित रखता है। हम ईसाईयों की तरह एक व्यक्तिगत ईश्वर को मानते हैं, लेकिन हम इससे भी आगे जाते हैं: हम मानते हैं कि हम उसी ईश्वर का ही अंश हैं!

उसका व्यक्तित्व हममें प्रकट होता है—ईश्वर हममें है, और हम उसी में

हैं। हम मानते हैं कि हर धर्म में सत्य का एक बीज होता है, और हिंदू उन सभी धर्मों को नम्रता से प्रणाम करता है; क्योंकि सत्य घटाने में नहीं, जोड़ने में पाया जाता है।

हम ईश्वर को सभी धर्मों के सबसे सुंदर फूलों का एक गुलदस्ता अर्पित करना चाहते हैं। हमें ईश्वर से प्रेम करना चाहिए सिर्फ प्रेम के लिए, किसी पुरस्कार की आशा में नहीं। कर्तव्य को भी सिर्फ कर्तव्य के लिए निभाना चाहिए, फल की इच्छा से नहीं। सुंदर को उसकी सुंदरता के लिए पूजा जाना चाहिए, किसी लाभ की उम्मीद से नहीं।

इसी तरह, जब हमारा हृदय पवित्र होगा, तब हम उसमें ईश्वर को देख सकेंगे। बलिदान, प्रणाम, मंत्र—ये धर्म नहीं बनाते। वे तभी सार्थक हैं जब वे हमें श्रेष्ठ कार्यों के लिए प्रेरित करें और हमारे विचारों को ईश्वर की दिव्यता की ओर उठाएँ।

यदि हम प्रार्थनाओं में कहते हैं कि ईश्वर हमारा पिता है लेकिन जीवन में दूसरों को भाई नहीं मानते, तो इसका कोई अर्थ नहीं। किताबों का उद्देश्य केवल यही है कि वे हमें उच्चतर जीवन का रास्ता दिखाएँ; पर जब तक हम उस रास्ते पर ठोस कदमों से न चलें, तब तक कुछ नहीं बदलता।

हर इंसान को एक कांच के गोले की तरह समझा जा सकता है। हर गोले के केंद्र में वही शुद्ध श्वेत प्रकाश है—ईश्वर की झलक। लेकिन कांच की मोटाई और रंग अलग-अलग होते हैं, जिससे वह प्रकाश अलग तरह से बाहर आता है।

हर एक के भीतर का प्रकाश एक जैसा सुंदर और समान है; फर्क बस इस बात में है कि वह बाहर किस तरह से दिखाई देता है। जैसे-जैसे हम विकास की ओर बढ़ते हैं, वह माध्यम और अधिक पारदर्शी होता जाता है।

हम असल में आध्यात्मिकता नहीं, बल्कि भौतिक जगत में अद्वैत का

थोड़ा रूप देखना चाहते हैं। पहले पेट भरना ज़रूरी है, फिर धर्म की बात आती है। जब लोग भूख से मर रहे हों, तो धर्म की बातें पर्याप्त नहीं होतीं। कोई भी सिद्धांत भूख को शांत नहीं कर सकता।

यहाँ दो बड़ी बाधाएँ हैं: एक हमारी कमजोरी और दूसरी हमारे भीतर की घृणा—हमारे सूखे दिल। आप चाहे कितने भी सिद्धांत गिनवा दें, चाहे लाखों संप्रदाय बना लें, पर जब तक आपके दिल में करुणा नहीं है, तब तक ये सब व्यर्थ हैं। उनके लिए वैसा ही महसूस करें जैसा वेद सिखाता है—जब तक यह न समझ लें कि वे आपके ही अंग हैं; जब तक यह न जान लें कि गरीब, अमीर, पापी, संत—सब उसी एक ब्रह्म के अंग हैं।

"वह मृत्यु से मृत्यु की ओर जाता है जो यहाँ अनेकों को देखता है।" उस एक को देखो और मुक्त हो जाओ।

हम इसे कैसे समझें? यह मन, जो अक्सर भ्रमित, कमजोर और आसानी से बहकने वाला होता है—यह भी मजबूत बन सकता है और उस एकता और ज्ञान की झलक पा सकता है जो हमें बार-बार जन्म और मृत्यु के चक्र से बचा सकती है। जैसे पहाड़ पर गिरने वाली बारिश अलग-अलग धाराओं में बंट जाती है, वैसे ही यहाँ जो भी ऊर्जाएँ हम देखते हैं, वे उसी एक स्रोत से निकली हैं। माया के प्रभाव से वे अनेक हो गई हैं। लेकिन हमें इन बहुतों के पीछे नहीं भागना चाहिए—हमें उस एक की ओर लौटना चाहिए।

"वह जो सबमें है—जो चलता है, जो शुद्ध है, जो यज्ञ में है, जो घर में अतिथि है, जो मनुष्य, जल, जानवर और सत्य में है—वही ब्रह्म है। जैसे अग्नि इस संसार में अनेक रूपों में प्रकट होती है, वैसे ही वह एक आत्मा सभी रूपों में खुद को प्रकट करती है। जैसे हवा कई रूपों में दिखाई देती है, वैसे ही एक आत्मा, सभी जीवों और रूपों में प्रकट हो रही है।" यह बात तभी सत्य लगती है जब तुम उस एकता को अनुभव कर लेते हो—उससे पहले नहीं। तभी सच्चा आशावाद आता

है, क्योंकि फिर वह हर जगह दिखाई देता है।

अब सवाल उठता है—अगर यह सच है कि वह एक आत्मा सब में व्याप्त है, तो फिर वह दुख क्यों झेले? वह अशुद्ध या पीड़ित कैसे हो सकता है?

उपनिषद उत्तर देता है—वह दुख नहीं झेलता। "जैसे सूर्य हर आंख को देखने की शक्ति देता है, लेकिन किसी आंख की कमजोरी या दोष से खुद प्रभावित नहीं होता, वैसे ही आत्मा शरीर या किसी भी दुख से प्रभावित नहीं होती।"

जैसे अगर मुझे कोई बीमारी हो जाए और सब कुछ पीला दिखाई दे, तो इससे सूर्य पर कोई असर नहीं पड़ता।

"वह एक है, सबका रचयिता, सबका शासक, प्रत्येक प्राणी की अंतरात्मा - वह जो अपनी एकता को अनेक बना देता है। इस प्रकार जो ऋषिगण उसे अपनी आत्मा की आत्मा के रूप में अनुभव करते हैं, उन्हें शाश्वत शांति मिलती है; किसी और को नहीं, किसी और को नहीं। जो इस क्षणभंगुर संसार में उसे पा लेता है जो कभी नहीं बदलता, जो इस मृत्यु के ब्रह्मांड में उस एक जीवन को पा लेता है, जो इस अनेकता में उस एकत्व को पा लेता है, और वे सभी जो उसे अपनी आत्मा की आत्मा के रूप में अनुभव करते हैं, उन्हें शाश्वत शांति मिलती है; किसी और को नहीं, किसी और को नहीं। बाहरी दुनिया में उसे कहाँ खोजें, उसे सूर्य, चंद्रमा और तारों में कहाँ खोजें? वहाँ न सूर्य प्रकाशित कर सकता है, न चंद्रमा, न तारे, बिजली की चमक उस स्थान को प्रकाशित नहीं कर सकती; इस नश्वर अग्नि की तो बात ही क्या करें? वह चमक रहा है, बाकी सब चमक रहा है। यह उसका प्रकाश है जिसे उन्होंने उधार लिया है, और वह उनके माध्यम से चमक रहा है।"

यहाँ एक और सुंदर उपमा है। जिन्होंने भारत में बरगद का पेड़ देखा

है—कैसे वह एक ही जड़ से निकलकर दूर-दूर तक फैलता है—वे इसे समझ सकेंगे। यह पूरा पेड़ वही एक है, उसी एक जड़ से उपजा है। जब तक यह ब्रह्मांड नहीं बना था, उसकी सारी शाखाएँ और तने आपस में जुड़े हुए थे। जहाँ तक यह फैला है, हर शाखा और तना उसी से जुड़ा है।

वही सर्वव्यापी है, कोई दूसरा नहीं है। वह शरीर नहीं है—शुद्ध है। वह ब्रह्मांड का महान कवि है, जिसके छंद सूर्य और तारे हैं। वही हर किसी को वह दे रहा है, जिसका वह हकदार है (ईशा उपनिषद, 8, रूपांतरित)।

"वह जो मन से भी अधिक तेजी से गति करता है, जिसे देवता भी नहीं पकड़ सकते, न ही विचार जिसे छू सकता है—वही सबको गतिशील करता है, और फिर भी स्वयं अचल रहता है। वह सबके भीतर भी है और बाहर भी, सब कुछ उसी में समाहित है। जो हर जीव में उसी एक आत्मा को देखता है, और सब कुछ उसी आत्मा में देखता है, वह आत्मा से कभी दूर नहीं होता। जब सम्पूर्ण जीवन और ब्रह्मांड उसी आत्मा में देखा जाता है, तभी मनुष्य सच्चा रहस्य समझता है। तब उसे न मोह रहता है, न कोई दुख।

वह आत्मा—द्रष्टा—शुद्ध, एक, शाश्वत, पवित्र और अमर है। यह वही आत्मा है जो हर मनुष्य में है। परंतु इसके देखने के साधन हैं: चित्त (मन की सामग्री), बुद्धि (निर्णय की शक्ति), मनस (सोचने वाला मन), और इंद्रियाँ। इन्हीं साधनों से आत्मा संसार को देखती है। लेकिन जब आत्मा इनसे अपने को एक मान लेती है, तो यही अज्ञान बन जाता है—अहंकार। तभी हम कहते हैं, "मैं सोच रहा हूँ," "मैं नाराज़ हूँ," "मैं खुश हूँ।" मगर आत्मा तो कभी बदलती नहीं। अगर वह वास्तव में अपरिवर्तनीय है, तो कैसे वह कभी दुखी या प्रसन्न हो सकती है?

आत्मा निराकार है, अनंत है, सर्वव्यापी है—इसे कोई बदल नहीं सकता। यह सभी नियमों से परे है, इस पर ब्रह्मांड की कोई भी चीज़

असर नहीं डाल सकती। लेकिन अज्ञान के कारण हम खुद को मन या भावनाओं से जोड़ लेते हैं, और फिर मानते हैं कि हम ही सुख या दुख का अनुभव कर रहे हैं।

जीवन की यह एकता, हर वस्तु की यह एकता, वेदांत का एक महान विषय है। यह बताता है कि हमारे सभी दुःख अज्ञानता के कारण हैं, और यह अज्ञानता अनेकता के विचार में निहित है — मनुष्य और मनुष्य के बीच, राष्ट्र और राष्ट्र के बीच, पृथ्वी और चंद्रमा के बीच, चंद्रमा और सूर्य के बीच, और यहाँ तक कि परमाणु और परमाणु के बीच भेद की भावना में।

वेदांत कहता है कि यह विभाजन वास्तविक नहीं है; यह केवल सतही दृष्टि में प्रतीत होता है। वस्तुओं की अंतरात्मा में, उनके मूल में, केवल एकता है। यदि हम सतह से नीचे उतरें, तो हम पाते हैं कि मनुष्य और मनुष्य, जाति और जाति, ऊँच और नीच, धनवान और निर्धन, देवता और मानव, तथा मानव और पशु—इन सभी में वही एक सत्ता प्रवाहित हो रही है।

जो व्यक्ति इस गहराई तक जाता है, वह सबको एक रूप में देखता है। जिसने इस एकता की अनुभूति कर ली, वह किसी प्रकार के भ्रम में नहीं रहता। उसे कोई भ्रांति नहीं होती, क्योंकि वह प्रत्येक वस्तु की वास्तविकता और सार जान चुका होता है। उसके लिए कोई दुःख शेष नहीं रहता, न कोई इच्छा शेष रहती है। उसने समस्त सत्य, ब्रह्म—जिसे हम सबका केंद्र कहते हैं—की अनुभूति कर ली होती है, और वह है शाश्वत अस्तित्व, शाश्वत चेतना, शाश्वत आनन्द।

जब यह साक्षात्कार होता है, तो वहाँ न मृत्यु रहती है, न रोग, न दुःख, न पीड़ा, न असंतोष। वहाँ केवल पूर्ण एकता और पूर्ण आनन्द की स्थिति होती है। फिर शोक किसलिए? वास्तव में, वहाँ न कोई मृत्यु है, न कोई दुःख, न कोई शोक करने वाला, न कोई शोक का पात्र।

ऐसा व्यक्ति सब कुछ में प्रवेश कर चुका होता है, वह शुद्ध अद्वितीय

सत्ता बन चुका होता है — निराकार, देह-रहित, कलंक-रहित, और सर्वत्र व्याप्त।

वे ज्ञानी हैं, महान रचनाकार हैं, स्वयं से प्रकाशित हैं और सभी को उनका उचित फल प्रदान करते हैं। जो लोग इस अज्ञान से जन्मे संसार की पूजा करते हैं, वे उसे ही अंतिम सत्य मानकर अंधकार में भटकते हैं। और जो जीवनभर केवल इसी संसार में लिप्त रहते हैं, कभी किसी ऊँचे सत्य की ओर नहीं देखते, वे और भी गहरे अंधकार में डूबे रहते हैं। लेकिन जो व्यक्ति प्रकृति के रहस्य को जानता है, वह प्रकृति की सहायता से उसके पार की सत्ता को देख लेता है और मृत्यु से पार चला जाता है। और फिर, उस पार की सत्ता की सहायता से, वह शाश्वत आनंद को प्राप्त करता है।

हे सूर्य, जिसने सत्य को अपनी स्वर्णिम आभा से ढक रखा है, कृपया वह आवरण हटा दो, ताकि मैं भीतर छिपे उस सत्य को देख सकूं। मैंने तुम्हारी किरणों और महिमा के पार छिपे उस सत्य को जान लिया है; जो उसमें चमकता है, उसे देख लिया है। अब मैं जानता हूं कि वह जो तुममें है, वही मुझमें भी है—और वही मैं हूं।

*

यदि हम सभी सीमाओं से परे हैं, तो हमें पूर्ण ज्ञान, शक्ति और आनंद से युक्त होना चाहिए। वास्तव में ऐसा ही है—आप सर्वज्ञ हैं, ब्रह्मांड के सर्वव्यापी प्राणी। लेकिन क्या ऐसे अनेक सर्वव्यापी प्राणी हो सकते हैं? नहीं, संभव नहीं। तब हमारा क्या? सच्चाई यह है कि केवल एक ही आत्मा है—और वह आप हैं।

इस छोटी-सी चेतना के पीछे जो "मैं" कहलाती है, वही एकमात्र सत्ता है—सर्वज्ञ, सर्वव्यापक, जन्म-मरण से परे, सदा-आनंदमय।

"उसी के द्वारा आकाश फैला है, उसी के द्वारा हवा बहती है, सूर्य चमकता है, और सभी जीव उसी के कारण जीवित हैं।" वह प्रकृति

की सच्चाई है, आत्मा की आत्मा है, बल्कि वही आप हैं।

जहाँ द्वैत है, वहाँ भय, संघर्ष, घृणा है। पर जहाँ सब कुछ एक है, वहाँ किससे डरें, किससे घृणा करें? जब सब वही एक सत्ता है, तो संघर्ष कैसा? यही जीवन और अस्तित्व की सच्ची समझ है—यही पूर्णता और ईश्वर है। जब तक तुम अनेक देखते हो, तुम भ्रम में हो।

“जो इस अनेक संसार में उस एक को देखता है, जो परिवर्तन में भी अपरिवर्तित को पहचानता है, जो उसे अपनी आत्मा की आत्मा के रूप में देखता है—वह मुक्त है, धन्य है, वह लक्ष्य को पा चुका है।”

इसलिए जान लो—तुम वही हो। तत् त्वम् असि—वह तुम हो।

यह सब सोच—कि मैं पुरुष हूँ या स्त्री, बीमार हूँ या स्वस्थ, कमजोर हूँ या ताकतवर, घृणा करता हूँ या प्रेम—सिर्फ भ्रम हैं। इन्हें मिटा दो!

क्या तुम्हें डराता है? क्या तुम्हें कमजोर करता है? तुम ही तो ब्रह्मांड में एकमात्र शक्ति हो। डर किसका? तो खड़े हो जाओ और मुक्त हो जाओ।

याद रखो—इस संसार में जो भी विचार या शब्द तुम्हें कमजोर बनाता है, वही एकमात्र सच्ची बुराई है। जो डराता है, वही बुराई है—उसे त्याग दो।

क्या तुम्हें कुछ डरा सकता है? अगर सूरज बुझ जाए, चाँद धूल में मिल जाए, और एक-एक करके सारी व्यवस्थाएँ ढह जाएँ—तब भी तुम कौन हो? वही जो अडिग है, निर्भय है, वह एकमात्र सत्ता।

चट्टान की तरह अडिग हो जाओ; तुम अविनाशी हो। तुम आत्मा हो, ब्रह्मांड के ईश्वर हो। कहो—”मैं परम सत्ता हूँ, परम आनंद हूँ, परम ज्ञान हूँ, मैं वही हूँ,” और जैसे सिंह पिंजरा तोड़ता है, वैसे ही अपनी जंजीरें तोड़ दो और सदा के लिए मुक्त हो जाओ। तुम्हें क्या डराता है? क्या रोके रखता है? सिर्फ अज्ञान और मोह; और कोई चीज़ तुम्हें बाँध

नहीं सकती। तुम शुद्ध हो, सदा आनंदमय हो।

ईश्वर और अपने आप में विश्वास करना पुण्य है; संदेह करना पाप है। एकता का अनुभव पुण्य है; अनेकता में भटकना पाप है। शास्त्र केवल पुण्य प्राप्ति के साधन सुझाते हैं। प्रकृति में दो शक्तियाँ काम करती दिखती हैं—एक जो लगातार भेद करती है, और दूसरी जो जोड़ती है। एक व्यक्ति को दूसरों से अलग बनाती है, दूसरी सबको एक समूह में लाकर समरसता पैदा करती है।

ये दोनों शक्तियाँ प्रकृति और मानव जीवन के हर पहलू में दिखाई देती हैं। भौतिक स्तर पर हम पाते हैं कि ये शक्तियाँ लोगों को अलग करती हैं—उन्हें विभिन्न प्रजातियों और वर्गों में बाँटती हैं—और फिर अभिव्यक्ति व रूप की समानताएँ सामने लाती हैं।

मनुष्य के सामाजिक जीवन में भी यही प्रक्रिया होती है—अलगाव और एकता दोनों का संघर्ष चलता है।

जब से समाज अस्तित्व में आया है, तब से दो शक्तियाँ—भेद करने वाली और एकता लाने वाली—सक्रिय हैं। ये शक्तियाँ अलग-अलग रूपों, स्थानों और कालों में अलग नामों से जानी जाती रही हैं, लेकिन उनका सार एक ही है: एक अलगाव लाती है, दूसरी समानता; एक जातियाँ बनाती है, दूसरी उन्हें तोड़ती है; एक वर्ग और विशेषाधिकार देती है, दूसरी उन्हें मिटाती है। सारा ब्रह्मांड इन दो शक्तियों की लड़ाई जैसा लगता है।

एक पक्ष यह कहता है कि हालांकि एकता की प्रक्रिया चल रही है, हमें इसका विरोध करना चाहिए क्योंकि यह मृत्यु की ओर ले जाती है। उनका तर्क है कि जब अलगाव की प्रक्रिया रुकती है, तब ब्रह्मांड खत्म हो जाता है। वही भेदभाव घटनाओं का कारण बनता है, और एकीकरण से सब एक जैसा और निष्क्रिय हो जाएगा। इसलिए मानवता इससे बचना चाहती है।

इसी सोच को हर जगह लागू किया गया है—यह तर्क दिया जाता है कि शरीर या समाज में पूरी समानता प्राकृतिक और सामाजिक मृत्यु लाएगी; विचारों और भावनाओं की पूर्ण समानता मानसिक क्षरण और पतन पैदा करेगी। इसलिए, इस समानता से बचना चाहिए। यही तर्क भारत में ब्राह्मणों द्वारा भी दिया गया, जब वे जातियाँ और भेद बनाए रखना चाहते थे। वे कहते हैं कि जातियों का टूटना समाज का टूटना होगा और ऐतिहासिक उदाहरण देते हैं कि उनका समाज सबसे लंबे समय तक टिका रहा।

इसलिए वे थोड़ी ताकत दिखाते हुए इस तर्क को आगे बढ़ाते हैं। थोड़ा अधिकार जताते हुए वे कहते हैं कि जो चीज इंसान को ज्यादा लंबा जीने में मदद करती है, वह ज़रूर उस चीज से बेहतर है जो कम उम्र देती है।

एकता के विचार का समर्थन हर युग में रहा है। उपनिषदों, बुद्ध, ईसा मसीह और अन्य महान धर्म प्रचारकों से लेकर आज के राजनीतिक आंदोलनों, उत्पीड़ितों और दलितों की मांगों तक—सभी में एक ही बात सामने आती है: समानता और एकता की पुकार। तर्कशील पश्चिम भी अपने दर्शन और नैतिकता की जड़ों में इस खोज में लगा है कि नैतिकता केवल किसी व्यक्ति की स्वीकृति से नहीं, बल्कि किसी शाश्वत सिद्धांत पर आधारित हो। और वह शाश्वत सिद्धांत आत्मा की अनंत एकता के अलावा और कहाँ हो सकता है—वही आत्मा जो तुममें, मुझमें और सबमें समान रूप से विद्यमान है?

वही आत्मा की एकता सभी नैतिकता का आधार है। यह भारतीय दर्शन का संदेश है। इसी एकता में सभी आध्यात्मिकता की जड़ें हैं। आज यूरोप भी इसी एकता की ओर बढ़ रहा है—इंग्लैंड, जर्मनी, फ्रांस और अमेरिका की नई राजनीतिक और सामाजिक आकांक्षाओं में भी यही विचार अनजाने में मौजूद है।

ध्यान दो: मनुष्य की स्वतंत्रता की खोज को दर्शाने वाला हर साहित्य—चाहे वह किसी देश या काल का हो—भारतीय वेदांत के विचारों को दोहराता है। कई लेखक अनजाने में इन्हीं विचारों से प्रेरित होते हैं; कुछ खुद को मौलिक दिखाने की कोशिश करते हैं; और कुछ इतने ईमानदार होते हैं कि अपने स्रोत को स्वीकारते हैं।

अनेकता के विचार से ही पुण्य और पाप के विचार पैदा हुए हैं। जैसे-जैसे मनुष्य एकता की ओर बढ़ता है, "मैं" और "तू" जैसे भेद मिटते हैं। इन्हीं भेदों से ईर्ष्या, द्वेष, और अन्य भावनाएँ उत्पन्न होती हैं। जब हम दूसरों को अलग मानते हैं, तभी भ्रम और शोक जन्म लेते हैं। लेकिन जो उस एकता को देखता है—वही मुक्त है, वही शांत है।

इसलिए कमजोरी पाप है। भीतर का आत्म-स्वरूप हमेशा चमकता रहता है। उससे विमुख होकर लोग "मैं", "मैं", "मैं" कहते हैं, उनका ध्यान इस भौतिक शरीर, मांस और हड्डियों के इस विचित्र पिंजरे पर टिका रहता है। यही सभी कमज़ोरियों की जड़ है। इसी आदत से इस संसार में जीवन के प्रति सापेक्ष दृष्टिकोण का उदय हुआ है। परम सत्य उस द्वैत से परे है।

*

मोहम्मद ने देखा कि ईसाई धर्म सेमेटिक परंपरा से दूर जा रहा था, इसलिए उन्होंने यह सिखाया कि ईसाई धर्म को कैसा होना चाहिए—एक सच्चे सेमेटिक धर्म की तरह, जो केवल एक ईश्वर को माने। आर्यों की यह बात कि "मैं और मेरा पिता एक हैं" उन्हें घृणित और डरावनी लगती थी। वास्तव में, त्रिदेव की धारणा यहोवा के उस विचार से कहीं आगे थी, जिसमें ईश्वर सदा मनुष्य से अलग माना गया। अवतार का सिद्धांत यह बताता है कि ईश्वर पहले एक मानव रूप में आता है, फिर समय-समय पर अलग-अलग रूपों में प्रकट होता है, और अंत में हर व्यक्ति में ही उसका रूप देखा जाने लगता है। यह विचार धीरे-धीरे ईश्वर और मनुष्य की एकता की ओर ले जाता

है। अद्वैतवाद इसकी सर्वोच्च अवस्था है, जबकि एकेश्वरवाद इसकी आरंभिक अवस्था है।

कल्पना तर्क से भी तेज़ गति से और सरलता से हमें ऊँचाई तक पहुँचाती है। सभी धर्मों में हम हमेशा कमतर से ऊँचे सत्य की ओर बढ़ते हैं—त्रुटि से नहीं, बल्कि सीमित सत्य से व्यापक सत्य की ओर। सृष्टि के पीछे एकता है, लेकिन हर मन का तरीका अलग होता है। 'जो अस्तित्व में है, वह एक ही है, पर ऋषि उसे अलग-अलग रूपों में समझाते हैं।'

यहाँ तात्पर्य यह है कि मनुष्य छोटे-छोटे सत्यों से होते हुए धीरे-धीरे बड़े सत्य की ओर बढ़ता है। सबसे निम्न स्तर के धर्म भी केवल सत्य की गलत और भ्रामक व्याख्याएँ हैं। व्यक्ति को धीरे-धीरे सत्य समझ में आता है। यहाँ तक कि शैतान की पूजा भी उस एक अपरिवर्तनीय ब्रह्म की एक विकृत परछाईं मात्र है। हर चरण में कुछ न कुछ सत्य मौजूद होता है, लेकिन कोई भी धर्म उसे पूर्ण रूप में नहीं पकड़ता।

जन्म या मृत्यु का अर्थ केवल दृष्टिकोण में परिवर्तन है। न आप कहीं जा रहे हैं, न ही वह वस्तु जिस पर आप अपनी दृष्टि डालते हैं। आप सदा एक स्थान पर स्थिर, अपरिवर्तनीय हैं।

आप कैसे आ-जा सकते हैं? यह संभव नहीं है—आप सर्वव्यापी हैं। जैसे आकाश स्वयं नहीं चलता, केवल बादल उसकी सतह पर चलते हैं और हमें भ्रम होता है कि आकाश चल रहा है, वैसे ही जब हम रेलगाड़ी में बैठते हैं, तो लगता है ज़मीन चल रही है, जबकि चलती तो रेल है।

आप वहीं हैं, ज्यों के त्यों। बस ये दृश्य बदलते रहते हैं, सपनों की तरह। एक सपना खत्म होता है और दूसरा शुरू हो जाता है, पर उनका आपस में कोई असली संबंध नहीं होता। दुनिया में जो हमें "नियम" या "संबंध" दिखाई देते हैं, वे भी सपने जैसे हैं। जब तक हम स्वप्न में रहते हैं, वह सब कुछ जुड़ा हुआ लगता है, लेकिन जैसे ही हम जागते

हैं, समझ में आता है कि कुछ भी आपस में ठीक से जुड़ा नहीं था।

इसी तरह, जब हम इस जीवन के सपने से जागते हैं और उसे सत्य के साथ मिलाते हैं, तो यह सब एक असंगत, भ्रमित करने वाला दृश्य बन जाता है—जो कहीं से आता है और कहीं चला जाता है। यही माया है, एक क्षणिक धुंध के समान।

ये बदलती छवियाँ इस अस्थायी दुनिया का प्रतिनिधित्व करती हैं। लेकिन जो स्थायी है—जो सूर्य के समान अडिग है—वह "आप" हैं। जब आप इस अपरिवर्तनीय सत्ता को बाहर से देखते हैं, तो आप उसे ईश्वर कहते हैं; जब आप उसे भीतर से पहचानते हैं, तो उसे "स्वयं" कहते हैं। यह एक ही सत्ता है।

आपसे अलग कोई ईश्वर नहीं है, और न ही आपसे बड़ा कोई ईश्वर है। आप ही वह वास्तविक "आप" हैं। सारे देवता, स्वर्ग, परमेश्वर और पिता जैसी सभी कल्पनाएँ केवल आपके ही प्रतिबिंब हैं। स्वयं परमेश्वर आपकी छवि है।

"परमेश्वर ने मनुष्य को अपनी छवि के अनुसार बनाया।"—यह कथन उलटा है।

सही यह है: "मनुष्य ने परमेश्वर को अपनी छवि के अनुसार बनाया।"

पूरे ब्रह्मांड में हम अपनी ही छवि के अनुसार देवताओं की कल्पना करते हैं—हम उन्हें गढ़ते हैं, उनके आगे झुकते हैं, और फिर उसी सपने को प्रेमपूर्वक सच मानते हैं।

यह समझना ज़रूरी है कि इस पूरे विचार का सार यही है: केवल एक ही अस्तित्व है। वही एक सत्ता अलग-अलग रूपों में प्रकट होती है—कभी पृथ्वी के रूप में, कभी स्वर्ग या नरक के रूप में, कभी देवता, भूत, राक्षस, मनुष्य या किसी भी और चीज़ के रूप में।

लेकिन इन विविधताओं के बीच, “जो इस मृत्यु के समुद्र में उस एक को देखता है, जो इस निरंतर बदलते संसार में उस एक अडिग जीवन को महसूस करता है, वही शाश्वत शांति प्राप्त करता है; कोई और नहीं।”

“यह पृथ्वी सभी प्राणियों के लिए मधुर है, और सभी प्राणी इस पृथ्वी के लिए मधुर हैं। वे एक-दूसरे की मदद करते हैं। वह अमर, प्रकाशमय आत्मा जो इस धरती के भीतर है, वही सारी मधुरता का स्रोत है।”

यह मधुरता किसकी है? उसके बिना मधुरता की कल्पना भी कैसे संभव है? वही एक मधुरता हर रूप में दिखाई देती है। जहाँ भी कोई प्रेम, कोई मिठास है—चाहे वह किसी संत में हो या पापी में, देवता में या हत्यारे में, शरीर में हो या मन या इंद्रियों में—वहाँ वही एक सत्ता है।

भौतिक सुख हो या मानसिक या आध्यात्मिक—all are one. वह सत्ता इन सभी में समान रूप से प्रकट होती है। उसके बिना कुछ भी नहीं हो सकता।

बीस हज़ार देवताओं और असुरों का युद्ध—ये सब बाल-सुलभ कल्पनाएँ हैं।

जो सबसे नीचे का भौतिक सुख है, वह भी उसी का रूप है, और जो सबसे ऊँचा आध्यात्मिक सुख है, वह भी। उसके बिना कोई भी सुख संभव नहीं। यही याज्ञवल्क्य कहते हैं।

जब तुम उस अवस्था को प्राप्त करोगे, जब तुम हर चीज़ को एक ही दृष्टि से देख पाओगे—जब तुम एक शराबी की पीने की खुशी में भी उसी मधुरता को पहचान पाओगे—तब तुम सत्य को जानोगे। तभी तुम समझोगे कि सच्चा सुख, सच्ची शांति और सच्चा प्रेम क्या है।

लेकिन जब तक लोग इन बचकाने, निरर्थक और अंधविश्वास से भरे भेदभावों को मानते रहेंगे, दुख बना रहेगा।

फिर भी, वही अमर, तेजोमय सत्ता इस पृथ्वी के भीतर भी है, और शरीर में भी वही मधुरता है।

यह शरीर स्वयं पृथ्वी की तरह है। शरीर की सभी शक्तियों और अनुभवों के भीतर वही सत्ता है। हमारी आँखें जो देखती हैं, त्वचा जो स्पर्श करती है—ये सारे अनुभव उसी आत्मा की मधुरता हैं जो शरीर के भीतर तेजोमय रूप में मौजूद है।

यह संसार, जो सभी प्राणियों को मधुर लगता है, और सभी प्राणी जो इस संसार को मधुर मानते हैं—उनमें जो आनंद है, वही अमर ब्रह्म है। वही आनंद हममें भी है। वही ब्रह्म है।

यह वायु सभी प्राणियों के लिए बहुत प्रिय है, और सभी प्राणी इसके लिए बहुत प्रिय हैं। लेकिन वायु में जो स्वयं-प्रकाशमान, अमर सत्ता है, वही हमारे शरीर में भी है—वह सभी प्राणियों के जीवन के रूप में खुद को प्रकट कर रही है।

सूर्य सभी के लिए मधुर है, और सभी प्राणी सूर्य के लिए। जो सूर्य में वह स्वयं-प्रकाशमान सत्ता है, वह हमारे भीतर एक छोटे प्रकाश के रूप में झलकती है। हम जो भी प्रकाश देखते हैं, वह उसी का प्रतिबिंब है। वही सत्ता हमारे शरीर में है, और उसी के कारण हम प्रकाश देख सकते हैं।

चंद्रमा भी सबके लिए मधुर है, और सभी प्राणी चंद्रमा के लिए। लेकिन जो आत्म-प्रकाशित और अमर सत्ता चंद्रमा में है, वही हमारे भीतर मन के रूप में प्रकट हो रही है।

बिजली भी सबको प्रिय है, लेकिन उस बिजली में जो अमर आत्मा है, वह भी हमारे भीतर है, क्योंकि सब कुछ वही ब्रह्म है।

आत्मा—स्वयं—ही सभी प्राणियों का अधिपति है।

ये विचार मनुष्यों के लिए बहुत उपयोगी हैं; ये ध्यान के लिए हैं। जैसे—पृथ्वी पर ध्यान करो, यह सोचते हुए कि तुम्हारे भीतर वही तत्व है जो पृथ्वी में है। शरीर को पृथ्वी से एक समझो, और आत्मा को ब्रह्म से। वायु को उस आत्मा से जोड़ो जो बाहर और भीतर दोनों में है। यह सब एक ही सत्ता है, जो विभिन्न रूपों में प्रकट हो रही है।

इस एकता को अनुभव करना ही ध्यान का अंतिम लक्ष्य है।

वेदांत दर्शन एक मूल सिद्धांत पर आधारित है—जो इसके अनुसार हर धर्म में पाया जाता है—कि मनुष्य स्वयं दिव्य है। यह पूरी सृष्टि उसी दिव्यता की अभिव्यक्ति है।

जो कुछ भी मनुष्यों में अच्छा, शक्तिशाली और सुंदर है, वह इसी दिव्य चेतना का परिणाम है। हर किसी में यह क्षमता होती है, और मूल रूप से मनुष्य और मनुष्य में कोई अंतर नहीं है—सभी समान रूप से दिव्य हैं।

हम में से हर एक उस अनंत चेतना को प्रकट करने की कोशिश कर रहा है। इसलिए हमारे भीतर वह अनंत ज्ञान, अस्तित्व और आनंद पहले से मौजूद है—यही हमारा सच्चा स्वरूप है, यही हमारा जन्मसिद्ध अधिकार है।

हमारे बीच का अंतर सिर्फ इस बात में है कि कौन कितनी क्षमता से उस दिव्य को प्रकट कर पाता है।

इसीलिए वेदांत कहता है कि किसी व्यक्ति के साथ वैसा व्यवहार न करो जैसा वह बाहर से दिखता है, बल्कि वैसा जैसा वह बनना चाहता है। हर मनुष्य दिव्य का प्रतीक है। इसलिए शिक्षक का कार्य उसकी आलोचना करना नहीं, बल्कि उसके भीतर छिपी दिव्यता को बाहर लाने में सहायता करना होना चाहिए।

यह भी सिखाता है कि समाज और हर क्रियाशील क्षेत्र में दिखने वाली सारी ऊर्जा वास्तव में भीतर से बाहर की ओर आती है। इसलिए जिसे दूसरे संप्रदाय "प्रेरणा" कहते हैं, वेदांती उसे "मनुष्य का आंतरिक प्रकटीकरण" मानने की स्वतंत्रता लेते हैं।

जाने-अनजाने, हर व्यक्ति इसी दिव्यता को प्रकट करने की कोशिश कर रहा है। साथ ही, वेदांत किसी अन्य संप्रदाय से विवाद नहीं करता; वेदांत का किसी ऐसे व्यक्ति से विरोध नहीं है जो इस दिव्यता को नहीं समझता।

वेदांत का दावा है कि यह विचार हर धर्म में पाया जाता है—चाहे वह भारत में हो या विदेशों में। कुछ में यह विचार पौराणिक कथाओं के ज़रिए व्यक्त हुआ है, और कुछ में प्रतीकों के ज़रिए। वेदांत कहता है कि अब तक जितनी भी धार्मिक प्रेरणाएँ हुई हैं, जितनी भी दिव्य आत्माएँ प्रकट हुई हैं, वे सभी मनुष्य की इसी दिव्य एकता की अभिव्यक्ति हैं। और जिसे हम नैतिकता, भलाई और दूसरों की सेवा कहते हैं, वह भी उसी एकता का ही रूप है।

हर इंसान के जीवन में ऐसे क्षण आते हैं जब उसे लगता है कि वह ब्रह्मांड से एक हो गया है—और तब वह, चाहे समझे या न समझे, उस अनुभव को अभिव्यक्त करने की कोशिश करता है। इसी एकता की अभिव्यक्ति को हम प्रेम और करुणा कहते हैं, और यह हमारी नैतिकता और अच्छे आचरण का मूल है।

वेदांत इसे अपने प्रसिद्ध सूत्र तत्त्वम् असि—"तू वही है"—से अभिव्यक्त करता है। हर व्यक्ति को सिखाया जाता है: तुम इस सार्वभौमिक सत्ता के साथ एक हो। इस तरह, हर आत्मा वास्तव में तुम्हारी आत्मा है; हर शरीर तुम्हारा ही विस्तार है। इसलिए किसी को चोट पहुँचाना खुद को चोट पहुँचाना है, और किसी से प्रेम करना, खुद से प्रेम करना है।

जब घृणा किसी और की ओर भेजी जाती है, तो वह अंततः तुम्हें ही चोट पहुँचाती है। और जब प्रेम बाहर आता है, तो वह तुम्हारे पास लौटकर आता है।

क्योंकि मैं ही ब्रह्मांड हूँ—मैं बस उस अनंत सत्ता की पूर्ण चेतना को पाने के लिए संघर्ष कर रहा हूँ। और पूर्णता तब ही आएगी, जब यह चेतना पूरी तरह जागृत हो जाएगी।